Povos Indígenas
terra, culturas e lutas

Povo Pataxó | Foto: Adson Rodrigues / Acervo Cimi

BENEDITO PREZIA • BEATRIZ CATARINA MAESTRI • LUCIANA GALANTE

Povos Indígenas

terra, culturas e lutas

OUTRAS EXPRESSÕES
São Paulo, 2019

Revisão: Railda Herrero
Projeto gráfico e diagramação: Alfredo S. V. Coelho
Capa: arte de Licurgo S. Botelho,
a partir de grafismo yanomami
representando a casa comunal
com fotos indígenas do arquivo do Cimi

Impressão e acabamento: Edições Loyola

1ª edição: julho de 2019
1ª reimpressão: dezembro de 2019

Dados Internacionais de Catalogação-na-Publicação (CIP)

Prezia, Benedito

P944p Povos indígenas: terra, culturas e lutas / Benedito Prezia, Beatriz Catarina Maestri, Luciana Galante. – 1. ed. – São Paulo : Outras Expressões, 2019.
144 p. : il.

ISBN 978-85-9482-038-9

1. Índios – Cultura. 2. Índios – Lutas. 3. Povo indígena – Origem. 4. Índios – Floresta tropical. 5. Índios – Espiritualidade. Índios – Brasil. I. Maestri, Beatriz Catarina. II. Galante, Luciana. III. Título.

CDU 39(81)

Catalogação na Publicação: Eliane M. S. Jovanovich - CRB 9/1250

Pedidos:

EDITORA EXPRESSÃO POPULAR
Rua Abolição, 201 | Bela Vista
01319-010 SÃO PAULO SP
Telefones: (11) 3112-0941 / 3105-9500
livraria@expressaopopular.com.br
www.facebook.com/ed.expressaopopular
www.expressaopopular.com.br

Aos professores Guarani-Nhandeva
Genivaldo e Rolindo Vera,
da aldeia Tekohá Ypo'i,
de Mato Grosso do Sul,
assassinados em 18 de novembro de 2009.
Que o sangue e a memória deles
inspirem outras lideranças
empenhadas na construção
de um país mais justo e mais tolerante.

SUMÁRIO

Apresentação

Ao abrir este livro, você encontrará um texto sobre os povos indígenas um pouco diferente do que é, geralmente, apresentado em livros didáticos.

Não vamos encontrar a figura genérica do *índio*, mas descobriremos que no Brasil há mais de trezentos povos ou etnias, vivendo em ambientes geográficos distintos e em contextos sociais igualmente diferentes, pois ao longo desses quinhentos anos, muitos fatores interferiram na sua história.

Atualmente, o indígena não é mais visto a partir de seus traços físicos, mas a partir de sua cultura, mesmo que externamente já não seja e nem viva como seus antepassados.

Vamos fazer uma viagem no tempo, remontando aos primórdios da chegada dos povoadores iniciais, mostrando que estão aqui há milhares de anos.

Serão focados ainda aspectos importantes da cultura, como o papel da mulher, do idoso e da criança, assim como o universo religioso de alguns povos. A importância da terra na vida dos povos indígenas terá uma abordagem especial, além das lutas para conquistá-la e preservá-la, mensagens tão importantes para nós, sobretudo, nos tempos difíceis que vivemos.

Buscamos, ao longo desses capítulos, dialogar com você para que se sinta estimulado a conhecer mais sobre esses povos, tornando-se também um aliado em suas lutas.

Nosso grande desafio é construir uma sociedade plural, formada por muitos povos e culturas que aqui vivem há milhares de anos. Não limitada apenas à sociedade dos europeus e seus descendentes, que aqui chegaram há quinhentos anos. Dessa forma, podemos criar laços de solidariedade e aproximação com aqueles que aqui viviam e que nos legaram um grande patrimônio, ainda tão pouco conhecido.

Lembramos aqui a mensagem do antropólogo Darell Posey, na abertura da exposição *Ciência Kayapó, alternativas contra a destruição*, por ele organizada no Museu Goeldi, em Belém (PA), em 1992, por ocasião dos quinhentos anos da América. Ela resume a proposta deste livro, que busca outro olhar sobre esses povos.

> Se o conhecimento do indígena for levado a sério pela ciência moderna e incorporado aos programas de pesquisa e desenvolvimento, os indígenas serão valorizados pelo que são: povos engenhosos, inteligentes, práticos, que sobreviveram com sucesso

> por milhares de anos na Amazônia. Essa posição cria uma "ponte ideológica" entre culturas, que poderia permitir a participação dos povos indígenas com o respeito e a estima que merecem na construção de um Brasil moderno (In: SCT/CNPq/Museu Emílio Goeldi, 1992, 43).

Este livro quer homenagear dois professores Guarani Nhandeva, Genivaldo Vera e Rolindo Vera, irmãos na vida e na morte, assassinados na região de Dourados, em Mato Grosso do Sul. É uma homenagem para que outros professores possam ver neles um exemplo de luta e que não se sintam intimidados na busca por um país com mais igualdade social.

O presente livro teve importante participação de Beatriz Maestri, que deixou nosso convívio de forma repentina, em 2014. Com seu falecimento, o projeto parou, mas, após quatro anos, o retomamos, como um esforço para resgatar as culturas indígenas e uma homenagem a essa grande lutadora e aliada desses povos.

Queremos agradecer aos que muito nos ensinaram ao longo desses anos, especialmente a Bruno Tserebutuwê Rami, do povo Xavante, e às comunidades Pankararé e Pankararu, que vivem em São Paulo e na Grande São Paulo, assim como aos Guarani Mbyá da aldeia da Terra Indígena Jaraguá.

Um agradecimento especial à Congregação das Irmãs Catequistas Franciscanas e ao Cimi Nacional, sem os quais a edição desse livro não teria se concretizado, assim como à Editora Expressão Popular.

Nosso sincero agradecimento a Jussara Rezende, a Leda Bosi Magalhães e Aida Marise Cruz, do Cimi Nacional, a Flávio Machado, do Cimi-MS pela leitura atenta e pelas sugestões feitas, e a Railda Herrero, pela leitura final dos originais.

Igual agradecimento a Salete Maestri, Thilda Eugênio, frei Betto e Silvia Pompeia, por participarem do mutirão que levou à publicação deste livro.

Que este trabalho possa ajudar as novas gerações a compreender cada vez mais esses povos, dos quais herdamos muito em nossa cultura e com os quais temos muito a aprender.

Benedito Prezia
Luciana Galante

1. Povos indígenas: origem e diversidade cultural

Mulher Kaiowá, vivendo em área confinada no Mato Grosso do Sul. Foto: Egon Heck/Arquivo Cimi

Ao pesquisar a História do Brasil, nota-se que, geralmente, ela começa com o chamado "descobrimento", feito pelos portugueses. Mas precisamos considerar os povos nativos que já habitavam o País há milênios, com grande população, com diversidade e riqueza cultural.

Desde a conquista, há quinhentos anos, essas nações resistem, vivendo num território ocupado e dividido, tornando-se, muitas vezes, estrangeiros em sua própria terra. É o caso dos Guarani,[1] que vivem

1. Neste livro seguimos a orientação da Associação Brasileira de Antropologia (ABA), que pede para se usar maiúscula no nome do povo indígena e para não se flexionar o plural, utilizando o /k/ ao invés de /c/ e o /y/ quando o /i/ estiver entre vogais.

separados pelas fronteiras do Brasil, Paraguai, Bolívia e Argentina. Ou dos Yanomami, que parte ficou no Brasil e parte na Venezuela.

É importante conhecer a história e as culturas indígenas, das quais se originaram muitos de nossos costumes. Apesar de herdarmos várias tradições nativas, pouca consciência temos desse passado. Esses povos, com milhares de anos de história, têm muito a nos ensinar.

Em razão de certas concepções preconceituosas e discriminatórias, os povos indígenas buscam saídas a partir não só de sua organização interna, mas também criando alianças com setores mais avançados de nossa sociedade. Eles não são do passado. Estão bem presentes e lutam para transmitir uma mensagem à nossa sociedade, desejando ter seus direitos reconhecidos e suas culturas preservadas.

Com este livro visamos contribuir para a difusão de conhecimentos sobre a vida desses povos.

Questionamos aqui a palavra *índio*, que traz um erro histórico, pois esse nome foi dado pelos europeus aos nativos do Caribe, quando Cristóvão Colombo desembarcou em nosso continente no final do século XV. Acreditava que havia chegado às Índias e, assim, durante muito tempo nosso continente foi chamado de Índias Ocidentais e seus habitantes, *índios*.

Seria mais adequado usarmos o termo genérico *indígena*, que vem do latim e significa o *nativo*, o *originário do lugar*, identificando-os melhor.

Outro termo que deve ser evitado é *tribo*, pois, atualmente, tem conotação pejorativa. É melhor usar as palavras *povo* ou *nação*.

Por ocasião da chegada dos europeus ao Brasil, havia uma infinidade de povos com culturas diferenciadas. Cada nação apresen-

SOU ÍNDIO

Vi muitas pessoas postarem diante de mim, um índio,[2] e ficarem horas a olhar-me. Além de me lançarem uma série de perguntas, entre elas, se não existe mais "índio brabo".

Penso comigo: o que estão eles pensando? Esforço-me para penetrar em seus pensamentos. Afinal, um descendente de índios selvagens, descendente de seres mitológicos, [um] índio [que] está postado diante deles, de calças, camisa e sapatos. Neste momento, a imaginação desse povo simples voa pelo mundo da fantasia.

Como será que vivem? O que comem? Será descendente de comedores de gente? Terá ele provado alguma carne humana? Tem ele algum sentimento humano de amor e compaixão?

Enfim, percebo que as interpretações e comparações que nos fazem não passam da categoria de [ver-nos como] animais exóticos que habitam a selva. Tenho vontade de fazê-los compreender meu mundo, assim como cheguei a compreender o mundo deles.

Gostaria de dizer-lhes que faço parte de uma sociedade que possui normas de vivência harmônica entre os homens e a natureza. Gostaria de dizer-lhes que possuímos nossos valores sociais, políticos, econômicos, culturais e religiosos, que adquirimos através dos tempos, de geração em geração.

2. Apesar de questionarmos a palavra *índio*, mantivemos este termo, que era usado habitualmente tanto pelos indígenas, como pela sociedade brasileira.

tava uma língua e tinha um nome específico, com tradição cultural própria. Calcula-se que a população nativa alcançava mais de cinco milhões de pessoas, com cerca de 1.200 línguas e dialetos. (RODRIGUES, Aryon. *Porantim*, v. 211, dez. 1998, p. 5.)

Em outras partes do continente alguns povos nativos conseguiram desenvolver uma sociedade mais complexa, vivendo em cidades, como os Astecas, no México, os Maias, no México, Honduras e Guatemala, ou os Olmecas e Incas, no Peru. Com tecnologia bem avançada, realizaram obras de engenharia, desenvolveram conhecimento astronômico, chegando a criar calendário e escrita, como foi o caso dos Maias.

Outros viviam com uma estrutura social mais simples e com população menor. Nem por isso deixaram de ter valores e uma organização social bastante igualitária.

Vale a pena ler o texto de uma liderança Paresi, de Mato Grosso, escrito no início da década de 1980. É bem atual, pois a sociedade brasileira tem dificuldade em dialogar com outras culturas.

Outro ponto a ser contestado é a ideia de "descobrimento do Brasil". Essa visão ainda perpassa muitos livros didáticos, pois o que houve a partir de 1500, foi uma conquista e violenta. São fortes e sábias as palavras de Davi Yanomami, importante líder indígena, ditas em 1999.

> Os brancos clamam hoje: "Nós descobrimos a terra do Brasil. Nós descobrimos estas terras! Possuímos os livros [os registros] e por isso somos importantes!" Dizem os brancos. Mas são apenas palavras de mentira. Eles não fizeram mais que tomar as terras do povo da floresta para destruir. Eu sou filho dos antigos Yanomami, moro na floresta onde viviam os meus desde que nasci e eu não

Gostaria de dizer-lhes que formamos um mundo equilibrado e justo de relações humanas. Dizer que como humanos, somos sujeitos a falhas e erros. Dizer que nossos sentimentos mais íntimos são exteriorizados através da arte, da língua, da nossa religião, das festas acompanhadas de ritos e cerimônias.

Dizer que conseguimos nossa experiência diante da vida e do universo. Dizer que conseguimos chegar num equilibrado mundo prenhe de valores que transmitimos a nossos filhos, o que, em outras palavras mais compreensíveis, é sinônimo de educação.

Gostaria de dizer-lhes também que tudo isso vem sendo deturpado, desrespeitado e destruído. Dizer que estamos despertando para uma nova realidade. Estamos percebendo que todas as tentativas estão sendo feitas para acabar com nossos princípios já constituídos.

Dizer que um dos nossos objetivos fundamentais é levar às nossas comunidades o conhecimento dessa realidade nova que nos rodeia. Do interesse em perpetuar nossos valores morais e culturais.

Dizer que estamos prontos para receber o que de útil a sociedade deles nos oferece e rechaçar o que de ruim ela nos apresenta. Mas a cegueira etnocêntrica não permite esse diálogo franco e sincero.

Daniel Matenho Cabixi, do povo Paresi

CIMI-CNBB, *Povos Renascidos. Subsídios didáticos sobre a questão indígena*, série B, v. 1, 1986, p. 22-23.

digo a todos os brancos que eu descobri!. (...) Ela existe desde sempre, antes de mim. Eu não digo: "Eu descobri o céu!". Também não digo: "Eu descobri os peixes, eu descobri a caça!". Eles sempre estiveram lá, desde os primeiros tempos. (In: SURVIVAL INTERNATIONAL, *Deserdados*, 2000, 2ª. Capa.)

O direito de ser diferente

As culturas indígenas foram se formando ao longo de milênios, influenciadas por uma história própria e pela região geográfica em que viviam. Mesmo que alguns tenham se miscigenado, perdido a língua, a religião tradicional e parte dos costumes, isso não quer dizer que deixaram de ser indígenas. As culturas mudam com o passar do tempo, e não podemos querer que vivam da mesma maneira como seus antepassados viviam na época da conquista. O importante é a ligação que têm com o passado, reconhecendo-se como parte dos povos originários da América. Com muita firmeza, em 2000, Augusto Kaingang, antigo cacique de Iraí (RS) fez essa declaração:

> Queremos que toda a sociedade respeite nossas diferenças. Queremos viver um diálogo mais forte [com a sociedade brasileira], porque durante esses quinhentos anos não houve diálogo. Só foi destruição de nossos costumes, de nossa religiosidade. Pedimos que tenham mais respeito pelo nosso jeito de ser, que é como nós queremos continuar sendo. (CIMI, *Outros 500. Construindo uma nova história*, 2001, 3ª capa.)

Instrumentos religiosos de rezador Kaiowá do acampamento Laranjeira Nhanderu (MS). Foto: Egon Heck/Arquivo Cimi, 2009

Depois de cinco séculos de destruição, aproximadamente quarenta milhões de indígenas sobreviveram no continente americano. Resistem e continuam se afirmando como nações diferenciadas. Somente no Brasil são mais de oitocentos mil indígenas. É um cenário bem diverso do que previu o sociólogo Hélio Jaguaribe, ao fazer uma palestra no Quartel General de Brasília, em agosto de 1994, quando disse: "É preciso desmistificar formas de congelamento da antropologia. Não existe a menor possibilidade de permanência das comunidades primitivas. É preciso acabar com o índio. Não vai haver índio no ano 2000." (Ap. CIMI, *Porantim*, n. 168, set. 1994, p. 3.)

Esta afirmação, que chocou muitos intelectuais e indigenistas na época, era baseada na teoria da integração do indígena à sociedade brasileira, que deveria ser feita, principalmente, a partir da escola (Id., ib.).

Em 1985, um levantamento realizado pelo Conselho Indigenista Missionário (Cimi) estimava a população indígena em 198.390 indivíduos, distribuída por quase todos os estados, com exceção do Piauí e do Rio Grande do Norte. (CIMI-CNBB, *Mapa Povos Indígenas e Presença Missionária*, 1985.)

Passados 25 anos, segundo o censo do IBGE de 2010, essa população ampliou-se quatro vezes, sendo agora 896.917 pessoas que se declaram indígenas, estando presentes em todos os estados brasileiros (IBGE, 2010). Esse aumento deveu-se não apenas ao crescimento vegetativo, isto é, à taxa de nascimentos, mas, sobretudo, por causa da insurgência de novas etnias, pois pessoas e comunidades que estavam "escondidas" em muitas regiões, especialmente no Nordeste, passaram a se assumir como indígenas.

Podemos dizer que, ao contrário das previsões pessimistas, esses povos estão cada vez mais vivos, numerosos e organizados. Continuam existindo e resistindo. Como estava escrito na faixa dos povos da região de Santarém (PA), na manifestação de Porto Seguro por ocasião dos quinhentos anos de Brasil, no ano de 2000: "Reduzidos sim, vencidos nunca!" (In: CIMI, *Marcha e Conferência Indígena*, 2000, p. 36.)

De onde vieram esses povos?

A presença de indígenas no continente americano é muito antiga, embora falte consenso sobre a época de chegada dos primeiros povoadores e suas rotas de entrada.

Há duas principais teorias: a migração sul-sul e a migração norte-sul.

A *migração Sul-Sul* é de uma época muito antiga e ocorreu há aproximadamente setenta mil anos, na mesma ocasião em que houve o povoamento de outras regiões austrais, como a Austrália e a

Rota sul-sul, que propiciou a migração de populaçoes originárias da África para a América. Arte: Alfredo Coelho, a partir de imagem de divulgação

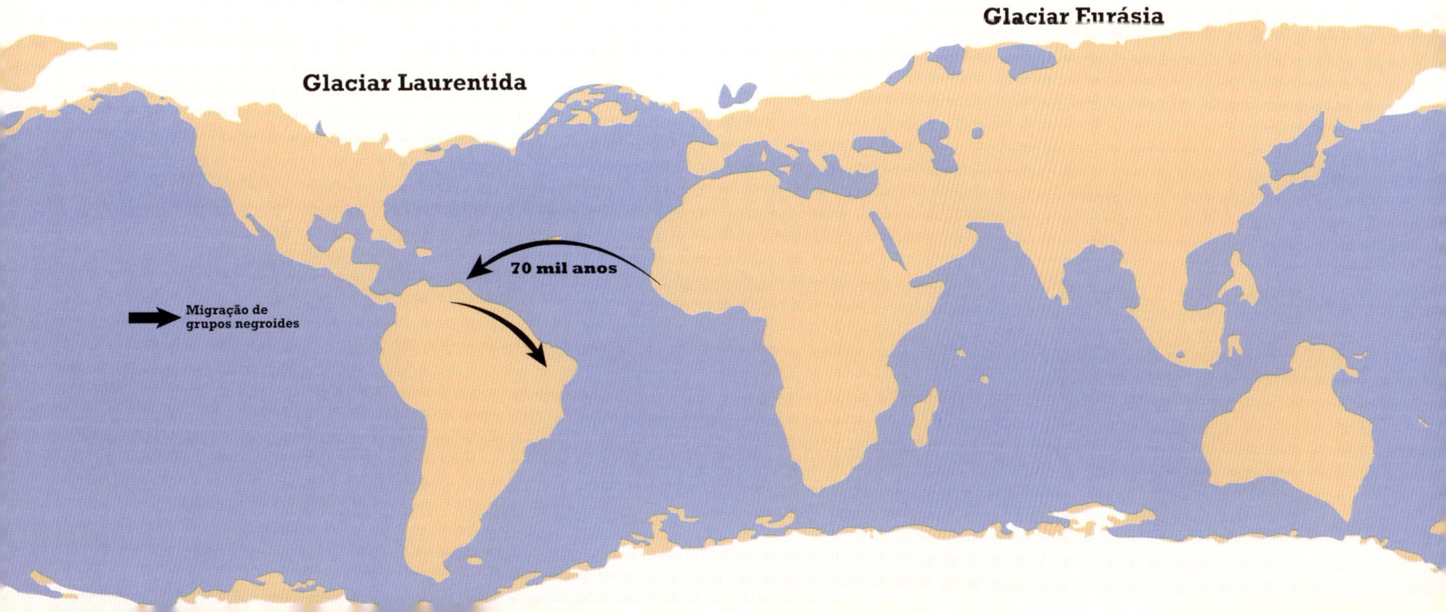

Nova Guiné. Embora sem muito consenso, essa teoria é cada vez mais aceita por arqueólogos europeus e brasileiros.

Como parte do hemisfério norte estava coberto de gelo por causa da última glaciação, houve um recuo dos oceanos de cerca de 120 metros, possibilitando o surgimento de muitas ilhas no Atlântico (GUIDON, N., 1998, p. 39). Isso possibilitou a migração de povoadores, que saindo da África pelo mar, chegaram à América Central, espalhando-se pela Mesoamérica e, posteriormente, pela América do Sul. Esta teoria é defendida pela arqueóloga brasileira Nièdé Guidon, que coordena uma equipe de arqueólogos europeus no Parque da Serra da Capivara, em São Raimundo Nonato (PI). Ali foram encontradas lascas de pedra feitas por humanos há 56 mil anos. (PIMENTEL, L., 2005, p. 42-45; GUIDON, N., 1998, p. 40.)

Detalhe de pintura rupestre do sítio arqueológico Boqueirão da Pedra Pintada (PI), que faz parte de um grande painel de 70 por 30 metros num paredão de calcário. Foto: imagem de divulgação, Revista Nossa História, n. 22, ago., 2005, p. 36

A grande preocupação dos arqueólogos é que esse local não seja degradado por falta de recursos públicos. Essas pinturas são consideradas "obras-primas da humanidade", constituindo essa região do Piauí o maior conjunto de pinturas rupestres do mundo. (PIMENTEL, L., id., ib.)

Esses povos, por terem se originado nas regiões quentes da África, buscaram, logicamente, áreas com clima semelhante, como o Oriente Médio, Papua, Nova Guiné e Austrália, como se vê ainda pelo tipo negroide dos aborígenes dessas últimas regiões.

Pela antiguidade da migração, foram chamados de paleoíndios, pois viveram no período paleolítico, que antecedeu a era atual. Eram coletores e caçadores e não conheciam o arco e flecha, usando apenas a lança e a borduna como instrumentos de caça. Conviveram com animais da megafauna, hoje extintos, como a pre-

Caçada de toxodonte, pintada em grotão da Serra Azul, na Chapada Diamantina (BA). In: BELTRÃO, M. C. Projeto Central Bahia, *Revista do Patrimônio*, no 21, 1986, p. 147

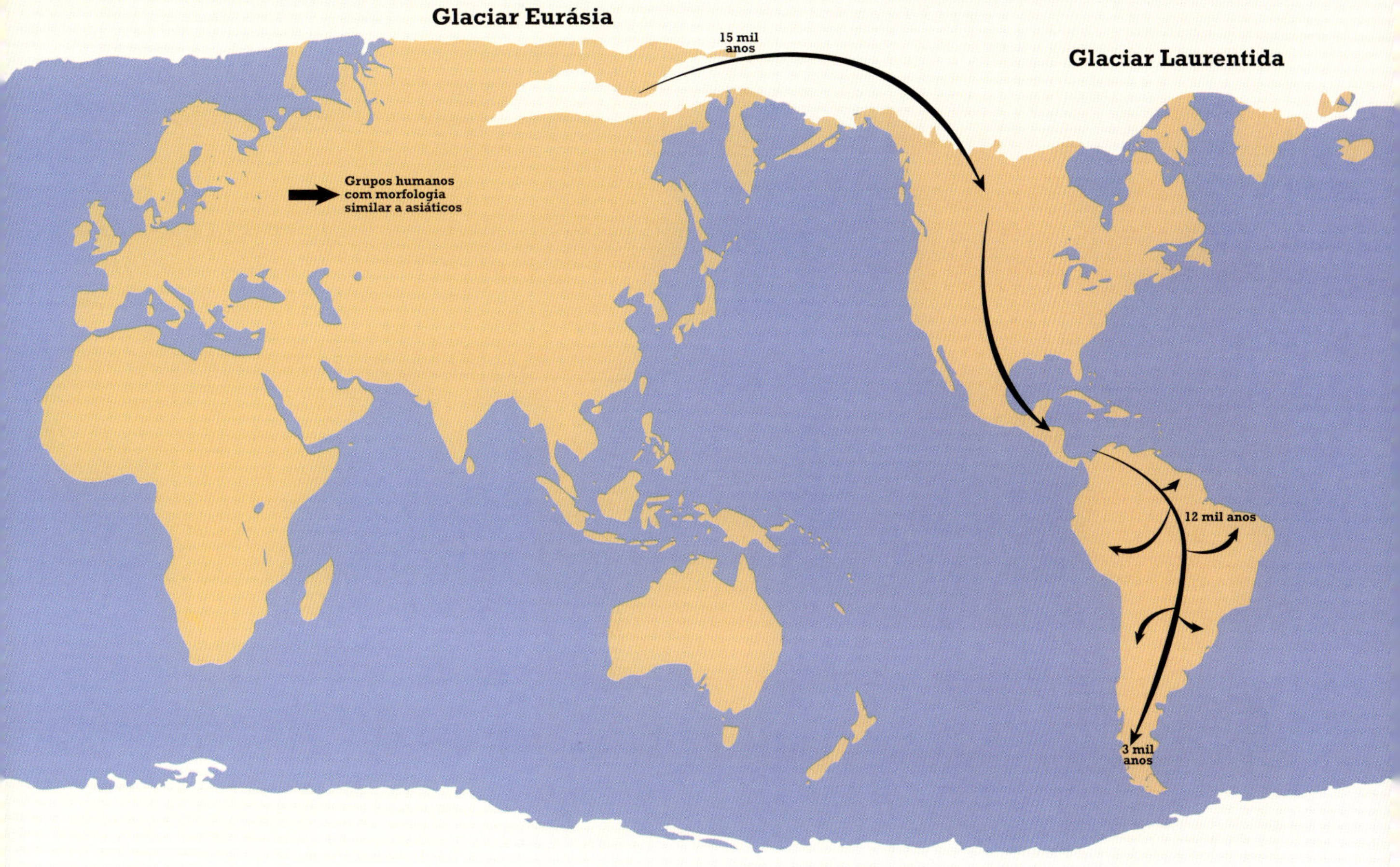

Rota da migração Norte-Sul, pela qual nativos do Sudeste asiático chegaram à América. Arte de Alfredo Coelho a partir de mapa publicado na revista Terra, n. 151, nov. 2004, p. 50

guiça-gigante, o tigre-dentes-de-sabre, o toxodonte (espécie de anta gigante), e a maucrauquênia, um tipo de lhama com tromba semelhante à anta.

Confirmando essa teoria, uma importante pintura rupestre do grotão da Serra Azul, na Chapada Diamantina (BA), mostra um toxodonte sendo capturado por um grupo de indígenas. Como esse animal viveu no pleistoceno, sendo extinto há aproximadamente vinte mil anos, vê-se que esses caçadores viveram numa época bastante recuada, confirmando essa primeira teoria. (In: BELTRÃO, M. C. Projeto Central Bahia, *Rev. Patrimônio*, n. 21, 1986, p. 147.)

Em outras regiões do Brasil, como revelam achados em sítios arqueológicos de Minas Gerais, esses nativos mostraram maior preferência por animais pequenos, de fácil captura.

Nos Estados Unidos, em Topper, na Flórida (USA), foram encontrados também objetos de pedra de cinquenta mil anos. (PIMENTEL, L., 2005, p. 43.)

Uma segunda teoria, de maior consenso, é a da *migração Norte-Sul*.

Bem mais tarde, há aproximadamente quinze mil anos, no final do paleolítico, povos caçadores do sudeste da Ásia, iniciaram uma longa viagem, passando pela Sibéria, até alcançar o atual estreito de Bering. Naquela época, essa região havia se transformado numa grande ponte terrestre recoberta de gelo, unindo a Ásia ao continente americano.

O cultivo do milho foi de grande importância para os povos indígenas. Foto: Bartolomeu Giaccaria, do livro Xavante, reserva de brasilidade, 1975, p. 8

Essa migração, com muitas levas, durou milênios. Percorrendo a costa oeste da América do Norte, beirando o oceano, esses nativos fizeram um longo caminho, até encontrar regiões mais quentes e habitáveis. Nessa viagem, alimentando-se de peixes e crustáceos, e cobrindo-se com grossas peles de animais, conseguiram chegar às planícies centrais da América do Norte, já com clima mais ameno. Outros grupos devem ter seguido manadas de animais que buscavam também melhores condições de sobrevivência. (DE BLASIS, *Brasil, 50 mil anos*, 2001, p. 13.)

Não há vestígios arqueológicos dessa trajetória na parte Oeste da América do Norte, pois foram submersos pelo mar, com o degelo do fim da era glacial.

Entretanto, na América do Sul foram identificados artefatos e sinais dessa presença humana em muitos locais, como em Pikimachay, no Peru, com 14.700 anos, e em Monte Verde, no Chile, com 12.500 anos. No Brasil, além do parque da Serra da Capivara (PI), foram encontrados em Pedra Pintada (PA) objetos com doze mil anos; em Lagoa Santa (MG) e Rio Claro (SP) também com doze mil anos e em Serranópolis e Caiapônia (GO), objetos com onze mil anos. (In: NEVES, E., *A temática indígena na escola*, 2008, p. 179.)

Ao contrário dos paleoíndios, esses novos ocupantes traziam armas mais eficientes, como o arco e a flecha, além de praticarem uma agricultura rudimentar. A convivência com os antigos habitantes de origem africana não deve ter sido pacífica, desaparecendo a população anterior, em confrontos e pela miscigenação.

Os povos dessas últimas migrações apresentavam traços físicos asiáticos e são considerados os antepassados dos atuais indígenas.

Espalharam-se por toda a América e desenvolveram a agricultura, o que facilitou a sedentarização, pois já não precisavam deslocar-se na busca de alimento. A melhor nutrição gerou aumento populacional.

Na época surgiram os alimentos que se tornaram básicos no continente, como a batatinha, domesticada há cerca de dez mil anos, nos Andes peruanos. O milho e a abóbora foram domesticados no México, há cerca de seis mil anos.

A mandioca deve ter sido cultivada mais tarde, talvez na Amazônia peruana, há pelo menos 3.500 anos, espalhando-se pelas regiões de floresta tropical.

Os cacicados

Aos poucos, essas sociedades foram se tornando mais numerosas e chegaram a criar povos, com uma sociedade complexa, como ocorreu na região amazônica. O rio Amazonas e seus afluentes, pela facilidade de comunicação com outras regiões, possibilitaram o surgimento dos chamados cacicados, com classes sociais, como nobres, guerreiros, artesãos e escravos. Embora esse padrão de sociedade possa parecer mais avançado, acabou com o sistema social igualitário, formando uma elite que passou a dominar os demais grupos sociais.

A ilha do Marajó, na foz do rio Amazonas, acolheu um desses povos, que ali chegou por volta do ano 450 da nossa era, vindo talvez da costa norte da Colômbia. Para enfrentar as cheias, típicas da região, foram construídas colinas artificiais, chamadas tesos. Uma delas, com altura de quase sete metros – correspondendo a um prédio de dois andares –, apresenta dimensões muito grandes para um trabalho braçal: 250 metros de comprimento por 59 metros de largura. Tal obra, caso fosse construída hoje, exigiria cerca de oito mil caminhões de terra, o que pressupõe a existência de um trabalho escravo. (MEGGERS, B. *América Pré-histórica*, 1979, p. 155.)

Enterrados nessas colinas foram encontrados vasos funerários, de muita beleza, ao lado de vasos bem simples, o que confirma a existência de classes sociais. Essas cerâmicas fazem parte da chamada *cultura marajoara*, admirada pela harmonia das cores e dos desenhos.

Por volta do ano 1350, esse povo desapareceu, vítima, provavelmente, dos guerreiros Aruã, que dominavam a costa leste do Amapá, sem influenciar outros povos da região. Isto mostra que uma estrutura social mais complexa não garante uma sobrevivência física e cultural, por ser fruto da dominação de uma minoria.

À esquerda, uma urna funerária típica da cultura marajoara. Foto do livro O museu paraense Emílio Goeldi, Banco Safra, 1986, p. 130
À direita, vaso de gargalo de uso ritual da cultura tapajônica, destacando-se os apliques no formato de animais. Foto do livro O Museu Paraense Emílio Goeldi, Banco Safra, p. 150

No baixo rio Tapajós, onde está a cidade de Santarém (PA), no século XVI, foi identificado um povo, cujo nome não se conservou. É possível que seja o povo que deu o nome ao rio, sendo por isso a sua cultura denominada de tapajônica. Essa população numerosa, que surpreendeu os espanhóis que por ali passaram, deve ter apresentado igualmente segmentos sociais diferenciados. Os cronistas da época afirmam ter encontrado aldeia com tanto alimento que daria para "sustentar um batalhão de mil homens durante um ano" (In: CARVAJAL, *Relatório do novo descobrimento..., [1542]* 1992, p. 57). Esse povo desenvolveu grandes roçados de milho, mandioca, além do arroz nativo, cultivado nas várzeas. Os patos, tartarugas, criados soltos e em cativeiro, assim como o excedente alimentar eram trocados por mercadorias de outros povos, como as joias de ouro, que encantaram os conquistadores (Id., ib., p. 41).

Destacou-se ainda por uma cerâmica bastante elaborada, feita com arte e criatividade, onde em vasos rituais predominam apliques, reproduzindo vários tipos de animais. Fabricava também os muiraquitãs, pequenos animais de pedra jade, usados como enfeites ou amuletos. (GOMES, D. M., *Cerâmica arqueológica da Amazônia*, 2002)

Nalike, jovem da nobreza Guaikuru. Gravura de Guido Boggiani, 1892

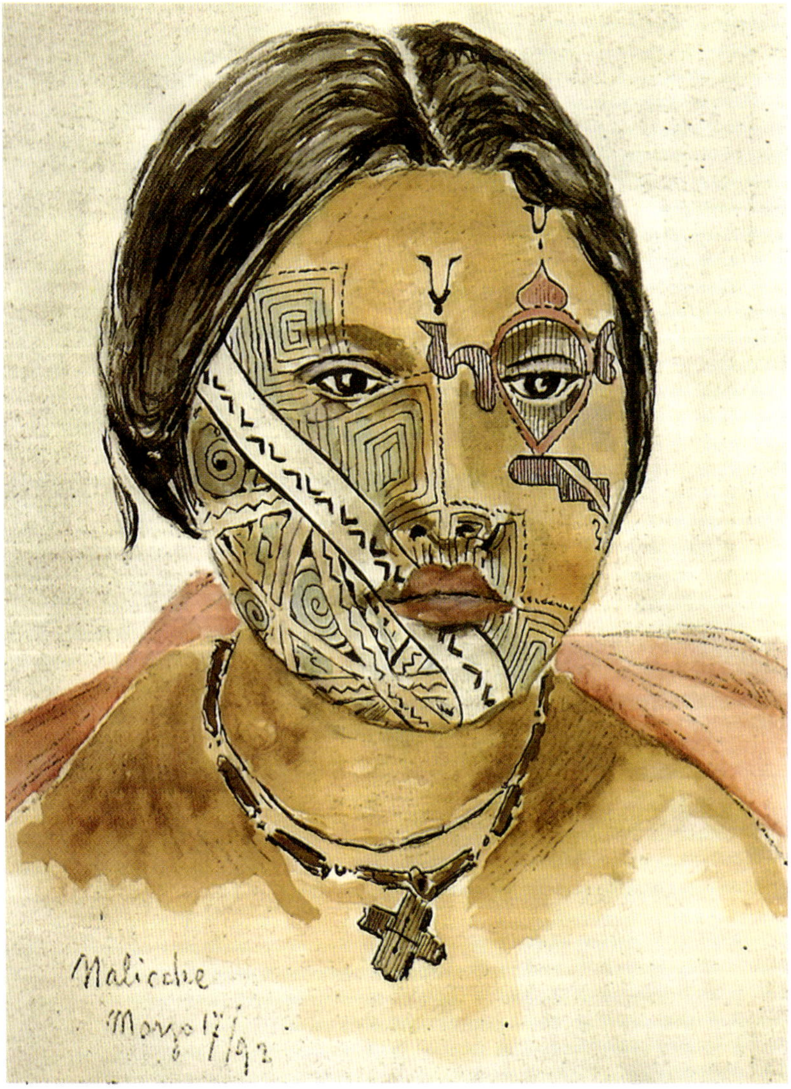

Embora temidos por suas flechas envenenadas com curare, foram eliminados na época da conquista da Amazônia, no século XVII. O extermínio se deu através de doenças e pela escravização indígena desenvolvida pelos portugueses. Os sobreviventes fugiram para a cabeceira do rio.

Outro povo, com estrutura social complexa, viveu em Mato Grosso do Sul, na região do Pantanal. A nação Guaikuru organizava-se em classes sociais, com nobres, guerreiros e servos. Esses indígenas destacavam-se não só pela postura senhorial, como pelo uso que faziam do cavalo, sendo conhecidos como índios cavaleiros. Foram o terror dos paulistas, que cortavam suas terras, procedentes dos garimpos de Cuiabá. (BOGGIANI, G. *Os Caduveos*, 1975)

Uma das marcas dessa elite era a tatuagem, feita tanto em homens como em mulheres. Talvez a gosto da atual geração brasileira pela tatuagem tenha suas raízes nesse passado indígena.

Vítimas da conquista colonial, sobreviveram apenas os descendentes de um de seus subgrupos, os Kadiweu, que moram na região de Aquidauana, em Mato Grosso do Sul.

A diversidade linguística

Ao se estudar os povos indígenas da América, descobre-se a grande diversidade cultural e linguística. Em todo o continente há aproximadamente duas mil línguas, formando um único conjunto, embora composto por três grandes ramos: as *línguas dos indígenas da América do Norte, Central e Sul*, ligadas às migrações mais antigas, que aqui chegaram há pelo menos quinze mil anos; as *línguas dos povos Na-dene*, que ocuparam o Noroeste e região central da América do Norte, por volta de cinco mil anos; e o grupo *paleo-siberiano*, que compreende línguas e dialetos dos esquimós ou Inuít, que vivem no Alaska e na região Ártica, e que chegaram nessas regiões há aproximadamente mil anos.

Vamos entender melhor essa classificação, chamada de *filogenética*, e que vai distribuir as línguas em *troncos e famílias linguísticas*, como se fosse uma árvore com galhos que vão se subdividindo. O tronco representa a língua ancestral, isto é, a *língua-mãe*, que, com o tempo, vai se diversificando, na medida em que seus falantes se espalham. Nessa dispersão, surgem outras línguas, que são próximas, guardando elementos comuns. Formam-se assim as *famílias linguísticas*, como galhos dessa árvore. Cada galho contém várias línguas e dialetos.

Quando um povo se mantém à parte por muito tempo ou quando procede de um grupo minoritário que se isolou, essa língua vai se separar das demais, tornando-se um idioma isolado.

Para melhor entendermos essa classificação, tomemos o caso da língua portuguesa, que faz parte da *família latina*. Com a expansão do Império Romano para a parte ocidental da Europa, a partir do ano 14 d.C., com seus soldados que falavam o latim, houve uma miscigenação, já que se casavam com mulheres da região. Dessa forma, surgiram falares diversos, misturando o latim com as línguas locais. Assim aparecem os vários idiomas neolatinos, como o italiano, o francês, o castelhano, o catalão e o português, entre outros.

Povos ao norte do continente, procedentes também da Ásia, tiveram uma trajetória semelhante, surgindo outras línguas. Apareceram a *família germânica*, que abriga o alemão, o inglês, o escocês e o bretão e a *família eslava*, que compreende o russo, o polonês, o servo, o croata e outras.

Todas estas famílias fazem parte do *tronco indo-europeu*, cuja língua-mãe, hoje desaparecida, foi localizada na Índia.

Ao contrário da Europa, cujas línguas fazem parte de um único tronco, no Brasil essa diversidade é bem maior, havendo dois troncos linguísticos – o *tupi* e o *macro-jê* –, com suas respectivas famílias. Há ainda dezessete famílias não classificadas em troncos e outras doze línguas isoladas. Resumindo: contamos atualmente com 274 línguas e dialetos nativos (Censo IBGE 2010), o que vem mostrar a antiguidade da presença indígena no continente.

O *tronco tupi* apresenta nove famílias, com 47 línguas e dialetos, estando presente em quase todo o território brasileiro e em seis países da América do Sul. O tronco *macro-jê* apresenta também nove famílias, com 27 línguas e dialetos, situando-se seus falantes no Centro-Oeste, Nordeste e Sul do Brasil (Id., ib.). As outras dezessete famílias estão localizadas, sobretudo, na Amazônia, e contam com 103 línguas. Essa diversidade linguística mostra que a Amazônia foi um grande corredor de passagem, através do qual esses povos se espalharam por todo o território brasileiro.

Convém observar que ainda há 86 etnias que não possuem mais a língua nativa. Elas estão principalmente no Nordeste e na região de Santarém (PA). São sobreviventes de uma violenta história de conquista, que resultou na perda da língua e de parte da cultura.

Num balanço de quinhentos anos de conquista, dos cerca de 1.300 povos que viviam no Brasil no século XVI, hoje sobrevivem apenas 303 etnias, isto é, menos de uma terça parte (Id., ib.).

Não sem razão o historiador Tzvetan Todorov afirmou que "nenhum dos grandes massacres do século XX pode comparar-se a essa hecatombe." (TODOROV, *A Conquista da América*, 1988, p. 129.)

* * *

Apesar de tudo, muitos desses povos continuam existindo e resistindo. Embora haja grande variedade linguística e cultural, há muitas semelhanças entre eles. Por questões didáticas, seguindo também uma classificação geográfico-cultural, já proposta por Betty Meggers[3], neste livro vamos agrupá-los em quatro grupos: os que vivem em região de floresta tropical (Amazônia e Mata Atlântica), os que vivem prioritariamente em região seca ou fria (chamada também de área marginal, por estar à margem das áreas de floresta), os povos resistentes (do Nordeste, Leste e região de Santarém/PA) e os indígenas que vivem em contexto urbano.

3. Ver a abordagem de Meggers no capítulo "O contexto ambiental do desenvolvimento cultural recente" (In: *América Pré-histórica*, Paz e Terra, 1979, p. 62-64)

Para registrar

- Em 2010, no censo do IBGE, 896.917 pessoas identificaram-se como indígenas. Destas, 517.383 viviam em aldeias (57,7%) e 379.534 já moravam fora de terras indígenas, sobretudo, em contexto urbano (42,3%).
- Em 2001, o Cimi publicou um levantamento de povos extintos no Brasil, citados em documento ou relatórios antigos, chegando a um total de 1.477. Destes, 820 viviam na região Amazônica e 344 no Nordeste.
- No Brasil 115 línguas correm risco de extinção por ter menos de cinquenta falantes e 38 estão quase extintas, por contarem com menos de dez falantes.
- Na Serra da Capivara, em São Raimundo Nonato (PI), onde estão os mais antigos registros de presença humana do continente, foram localizados cerca de oitocentos sítios arqueológicos, dos quais 590 contêm pinturas rupestres. Esta região, declarada Patrimônio Mundial da Humanidade, tornou-se o maior *Museu de Paleontologia a Céu Aberto* do mundo, e corre o risco de perder parte desse patrimônio por falta de apoio do governo federal.

Para saber mais

- Ler o livro *Pré-História do Brasil,* de Pedro P. Funari e Francisco S. Noelli, Editora Contexto, de 2002.
- Ver a obra *Arqueologia da Amazônia*, de Eduardo G. Neves, Editora Jorge Zahar Editor, de 2006.
- Ler *Brasil Indígena: 500 Anos de Resistência*, de Benedito Prezia e Eduardo Hoornaert, Editora FTD, de 2006.
- Ler *O Povo das Águas. Ensaio de Etno-história Amazônica*, de Antônio Porro, Editora Vozes/ Edusp, de 1995.
- Sobre a diversidade linguística ver *Línguas Brasileiras: Para o Conhecimento das Línguas Indígenas*, de Aryon D. Rodrigues, Editora Loyola, de 2004.
- Assistir ao documentário: *Brasil Indígena, Cinco Séculos de Resistência*. Direção de Conrado Berning. São Paulo: Imaginação Multimídia/Verbo Filmes-D, (30 min.), 2000.
- Assistir também ao filme *Brava gente brasileira* (direção de Lúcia Murat, 2002), que retrata o conflito dos Guaikuru com os portugueses, por ocasião da demarcação das fronteiras no século XVIII.

Referências bibliográficas

BELTRÃO, Maria da Conceição; LIMA, Tânia A. Projeto Central Bahia: os zoomorfos da Serra Azul e da Serra de Santo Inácio. *Revista do Patrimônio Histórico e Artístico Nacional*. Rio de Janeiro: Fundação Nacional Pró-Memória, v. 21, 1986, p. 147-157.

BOGGIANI, G. *Os Caduveos*. Belo Horizonte: Itatiaia; São Paulo: Edusp, 1975. (Col. Reconquista do Brasil, v. 22).

CARVAJAL, Fr. Gaspar. *Relatório do Novo Descobrimento do Famoso Rio Grande Descoberto pelo Capitão Francisco de Orellana* (ed. bilíngue). Brasília: Scritta Ed./Embajada de España, 1992.

CIMI-CNBB. *Mapa Povos Indígenas no Brasil e Presença Missionária*. 2. ed. revisto e ampliado, Brasília, 1985.

CIMI. Vai haver índio no século XXI?. *Porantim*, Brasília: Cimi, n. 168, set. 1994, p. 3.

__________. *Marcha e Conferência Indígena.* Brasília: Cimi, 2000.

__________. *Outros 500: Construindo uma Nova História*. São Paulo: Salesiana, 2001.

DE BLASIS, Paulo. Da era das glaciações às origens da agricultura. In: MAE-MUSEU DE ARQUEOLOGIA E ETNOLOGIA/USP. *Brasil, 50 Mil Anos*. São Paulo: MAE/USP, 2001.

GIACCARIA, Bartolomeu; HEIDE, Adalberto. *Xavante, Reserva de Brasilidade*. São Paulo: Editorial Dom Bosco, 1975.

GOMES, Denise Maria C. *Cerâmica Arqueológica da Amazônia*. São Paulo: Edusp/Fapesp/Imprensa Oficial do Estado, 2002.

GUIDON, Niède. As ocupações pré-históricas do Brasil (excetuando a Amazônia). In: CUNHA, Manoela Carneiro da. *História dos Índios no Brasil*. 2ª ed. São Paulo: Companhia das Letras/FAPESP/SMC; 1998, p. 37-52.

__________. Serra da Capivara, 50 mil anos de presença humana. *História Viva*, São Paulo, Duetto, nº 10, agosto, 2004,74-81.

INSTITUTO DE DESENVOLVIMENTO DAS TRADIÇÕES INDÍGENAS (Ideti). *Folder do Instituto das Tradições Indígenas.* São Paulo: Ideti, s.d.

INSTITUTO BRASILEIRO DE GEOGRAFIA E ESTATÍSTICA (IBGE). *Censo Demográfico 2010*. Rio de Janeiro: IBGE, 2010. Disponível em: <www.ibge.gov.br>.

MEGGERS. Betty J. *América Pré-Histórica*. 2ª ed. Rio de Janeiro: Paz e Terra, 1979.

__________. *Amazônia, A Ilusão de um Paraíso.* Belo Horizonte: Itatiaia; São Paulo: Edusp, 1987. (Col. Reconquista do Brasil, 2ª. série, v. 113).

MOORE, Ruth. *A Evolução*. Rio de Janeiro: José Olympio, 1970. (Biblioteca da Natureza Life).

MPEG; CNPq; MCT. *O Museu Paraense Emílio Goeldi.* São Paulo: Banco Safra, 1986.

NEVES, Eduardo Goes. Os índios antes de Cabral: Arqueologia e História Indígena no Brasil. In: SILVA, Aracy L. da; GRUPIONI, Luís D. B. A *Temática Indígena na Escola. Novos subsídios para professores de 1º e 2º graus.* 4ª ed. São Paulo: Global/Mari; Brasília: MEC/Unesco, 2008.

ORGANIZAÇÃO INTERNACIONAL DO TRABALHO (OIT). *Convenção 169 sobre Povos Indígenas e Tribais em Países Independentes*. Genebra, 1989.

PESSIS, Anne-Marie. A arte do ser humano [Pinturas rupestres do Piauí]. *Nossa História*, Rio de Janeiro: Vera Cruz, ano 2, v. 22, agosto 2005, p. 36-40.

PIMENTEL, Leonardo. O País não liga para o seu patrimônio (Entrevista com Niède Guidon). *Nossa História*. Rio de Janeiro: Vera Cruz, n. 22, agosto 2005, p. 42-45.

PROUS, André. O povoamento da América visto do Brasil: uma perspectiva crítica. Dossiê Surgimento do Homem na América: *Revista USP*, São Paulo, nº 34, p. 8-21, jun./ago. 1997.

RODRIGUES, Aryon D. 500 anos de descobertas e perdas. *Porantim*, v. 211, dez., 1998, p. 5.

SURVIVAL INTERNATIONAL. *Deserdados*. Londres: Survival International, 2000.

TODOROV, Tzvetan. *A Conquista da América: a Questão do Outro*. 2. ed. São Paulo: Martins Fontes, 1988.

2. Povos de floresta tropical

O desmoronamento do céu e o surgimento da Terra

> Desabou uma vez uma terrível tempestade e o céu caiu sobre a terra. As grandes árvores da floresta quebraram debaixo de seu peso e esmagaram os homens. Alguns tinham-se refugiado debaixo de um pé de *mamoí*,[4] e este, sozinho, aguentou algum tempo todo o peso do céu. Era quase noite. Um dos homens possuía um tatu manso e o outro, uma paca também mansa. Despacharam os animais e os mandaram cavar buracos no céu [que havia caído]. Estes, por fim, conseguiram atravessar a abóboda celeste para o lado superior. Aí os homens alargaram estes buracos, e subiram para o mundo superior. Neste exato momento o *mamoí* quebrou com o peso e o céu caiu. A superfície do céu é o atual solo da terra. *Kumãpari* [o demiurgo] veio ter com os homens e lhes deu sementes para que pudessem plantar de novo. Disse-lhes que agora podiam viver sossegados ali, mas que um dia, a terra seria destruída de novo.
>
> *Mito recolhido por Curt Nimuendaju do povo Xipaia, de língua tupi, que vivia no alto Curuaia, afluente do rio Xingu (PA), em 1918. In:* NIMUENDAJU, C. Fragmentos de Religião e Tradições dos Índios Sipaia. *Religião e Sociedade*, v. 7, 1981, p. 14-15

Os povos da região amazônica

Em nossa viagem cultural vamos conhecer os povos que vivem em regiões de floresta tropical e de Mata Atlântica, por serem mais numerosos.

Cada povo indígena tem uma maneira de contar o surgimento da terra e da floresta que a cobre, como se pode ver pelo mito do povo Xipaia, que vive no Pará.

As florestas tropicais brasileiras, na realidade, surgiram depois de uma mudança climática, ocorrida há dez mil anos, quando um novo sistema de chuvas transformou os campos abertos, que cobriam a Amazônia, em densas florestas. Essa alteração climática fez

4. Árvore de grande porte não identificada.

Aldeia Kamayurá, do alto Xingu (MT). Foto: Acervo Museu do Índio, 1954

surgir uma grande diversidade biológica. A Amazônia apresenta vestígios muito antigos de ocupação humana e estudos recentes indicam que muitos frutos e árvores importantes para os moradores da região estão lá por causa da ação humana.

Há também achados antigos, como os do sítio arqueológico do Abrigo do Sol, no rio Galera (MT), com 12.500 anos (ROOSEVELT, A. Arqueologia Amazônica. In: CUNHA, M., 1998, p. 58). Pesquisas arqueológicas recentes têm ajudado muito a compreender como essas populações ocupavam a região e como ocupam atualmente.

A diversidade dos povos amazônicos

Ao contrário da antiga visão da Amazônia como um deserto humano, descobriu-se que era muito povoada e que o desaparecimento desses povos ocorreu com a chegada dos europeus no século XVI. Em vez de vida, os portugueses levaram a escravização em massa e novas doenças, além do projeto missionário, que levou à perda de muitas culturas.

Essa diversidade cultural e biológica indica que a floresta e as populações humanas que nela vivem evoluíram juntas. A floresta amazônica, longe de ser um ambiente intocado ou um "vazio demográfico", como se dizia antigamente, sempre foi e continua sendo um grande corredor cultural de muitos povos.

Para viver na floresta, os indígenas desenvolveram algumas técnicas de sustentabilidade, como a identificação de espécies vegetais comestíveis, assim como sua domesticação, que exigiu e ainda exige dessas populações um conhecimento refinado. Saber o ciclo das chuvas também é importante, pois nos períodos das cheias dos rios, os animais se distanciam e a pesca fica mais difícil, já que os peixes se espalham pelos igapós, isto é, pelas florestas inundadas.

As populações indígenas têm formas de organização social, de ocupação do espaço, bem como manifestações culturais, que as diferenciam entre si. Portanto, não devemos cometer o erro de descrevê-las como se fossem iguais.

A diversidade cultural é um grande patrimônio do Brasil. É preciso conhecer e ter acesso à história e formação cultural desses povos, pois os indígenas deixaram um grande legado, influenciando a vida regional em vários aspectos, como alimentação, língua, música e festas.

Cada povo tem uma maneira de ser e viver, como se vê nas moradias, que são bem diversas. As casas podem ter formas diferentes. Podem ser casas familiares alongadas e construídas em círculo, como fazem os povos da região do Xingu. Ou uma grande casa coletiva, como os Yanomami ou os Waimiri-Atroari, do norte amazônico. Ou ainda podem ser unifamiliares, como a dos Kanamari.

A floresta amazônica ocupa uma grande área do Norte do Brasil e também parte do Centro-Oeste. O clima quente e úmido propicia o desenvolvimento de muitas espécies animais e vegetais.

Cerca de 140 povos habitam a região, cada qual com sua cultura, mas apresentando certo denominador comum. Eis a relação de alguns dos povos dessa região.

Povo	Língua	Estado
Apurinã	apurinã	AM
Asurini do Xingu	asurini	PA
Baré	nheengatu	AM
Desana	desana	AM
Kaapor	kaapor	MA
Kalapalo	kalapalo	MT
Kamayurá	kamayurá	MT
Kanamari/Tukuna	kanamari	AM
Kaxinawá	kaxinawá	AC
Madihá/Kulina	madihá	AM, AC
Matis	matis	AM
Munduruku	munduruku	PA
Sateré-Mawé	mawé e português	AM/PA
Tikuna	tikuna	AM
Tukano	tukano	AM
Waimiri-Atroari	waimiri	AM
Waurá	waurá	MT
Yanomami	yanomami	AM/RR

Na região amazônica ainda há aproximadamente cem grupos isolados. Não se comunicam com outras comunidades indígenas, nem mantêm contato com a sociedade brasileira. Vítimas da ação violenta de madeireiros, garimpeiros e ribeirinhos, buscam se esconder, como autodefesa. Em vez de chamá-los de "povos isolados", podemos dizer que são "povos em fuga".

Para melhor compreender como as populações indígenas estabelecem suas vidas e a relação com a floresta, vamos apresentar duas nações: Kanamari, no Amazonas, e Guarani Mbyá, espalhada por vários estados do Sul e Sudeste, morando em região de Mata Atlântica.

Casa comunal do povo Waimiri-Atroari, no norte amazônico. Foto: Silvano Sabatini/acervo Cimi, 1968

Casa tradicional kanamari da Aldeia Três Bocas (AM), feita na estrutura de palafita. Foto: Luciana Galante, 1998

Os Kanamari

Os Kanamari habitam o sudoeste do Amazonas, ocupando as margens do rio Juruá. Falam uma língua da família katukina e se autodenominam *Tukuna*, que significa "gente que fala nossa língua". Não se deve confundi-los com os *Tikuna* ou *Tükuna*, povo que vive na região do rio Solimões.

Possuem uma população em torno de 4.040 pessoas (Censo de 2010), divididas em diversas aldeias. Durante o ciclo da borracha, no final do século XIX, foram muito perseguidos pelos donos dos seringais que promoviam expedições punitivas chamadas "correrias", obrigando-os a fugir para o interior da floresta. Esses confrontos surgiam porque não aceitavam passivamente a invasão de suas terras.

Apresentam uma organização social própria, dividindo-se em grupos denominados *djapá*. Cada *djapá* leva o nome de algum animal ou planta, geralmente relacionado a seus mitos. Assim há o *pidah-djapá* (grupo da onça), *hityam-djapá* (grupo do caititu), *bin-djapá* (grupo do mutum) e outros mais. É curioso que os nomes de animais e plantas, assim como suas características, são utilizados para justificar as diferenças internas que existem entre os membros dos vários *djapá*.

Antigamente, construíam grandes casas familiares (*hak nyanim*) onde moravam várias famílias. Cada uma fazia seu fogo, dividindo assim o mesmo espaço. Atualmente, talvez por influência dos ribeirinhos, constroem casas menores, na estrutura de palafita, para enfrentar as cheias dos rios.

As roças kanamaris contam com uma grande variedade de vegetais, legumes, plantas e frutas, como mandioca, milho, batata-doce, melancia, abacaxi e outros. Com a mandioca, chamada *koya*, preparam uma bebida fermentada muito saborosa.

São também exímios pescadores e caçadores. Quando vão caçar, saem muito cedo, retornando somente no final do dia. Quando um animal grande é caçado, a carne é distribuída entre as famílias da aldeia. A coleta de frutos nativos também é realizada periodicamente. As crianças gostam muito de sair de canoa para colher frutos na floresta, em épocas de alagamento.

A produção de artesanato é intensa. Homens, mulheres e até crianças produzem belíssimas cestarias, colares, brincos, bolsas, entre outros produtos. A tecelagem é realizada principalmente pelas mulheres, que fazem bolsas de algodão muito bonitas. Também usam um diadema de palha sobre a cabeça, semelhante a uma coroa.

O chefe Kanamari (*warah*) é sempre um grande orador e sua autoridade está associada à capacidade que possui de agregar as pessoas ao seu redor. Deve ser generoso e zelar pela segurança do grupo.

As histórias (*ankira*) kanamaris muitas vezes fazem referência a Tamakori, um herói mítico que, descendo o rio Juruá, criou as pessoas e as dispersou de modo que todas tivessem a "sua terra" (*mawa ityonim*). *Tamakori* e seu irmão *Kirak* criaram os Kanamari a partir de sementes e de troncos de palmeiras.

Kiriwino, entidade Kanamari que aparece em certos períodos do ritual Kohana, na Aldeia Três Bocas (AM). Foto: Luciana Galante, 1998

Ritos e crenças kanamaris

Com o objetivo de rever parentes, estabelecer novas relações e conhecer outras aldeias, os Kanamari realizam reuniões rituais denominadas *hori*. Nessa importante solenidade bebem muita *koya* e há bastante comida. Além disso, brinca-se de *tyri-pa*, uma espécie de pega-pega em que um grupo munido de um pedaço de fruta desafia outro grupo a pegá-lo. Assim, os membros de uma turma jogam o fruto uns para os outros, até que alguém da outra turma consiga pegá-lo. Esses encontros fortalecem a relação do grupo Kanamari, originando até casamentos.

Segundo os Kanamari, vivemos no *Ityonim*, que pode significar mundo, floresta ou tempo. Acreditam que no céu existe o "céu interior" (*kodoh naki*) onde vivem algumas divindades denominadas *Kohana*. Quando alguém morre, os *Kohana* vêm para a Terra a fim de levar a alma para esse lugar, seguindo o arco-íris ou viajando pelos rios. Ali chegando, a alma encontra sua rede, descansa e toma a bebida *koya* dos *Kohana*, que, na realidade, é o vômito do Velho Urubu Rei, outra grande divindade. Depois, a alma ganha um novo corpo, feito de palhas de buriti, e não volta mais para a floresta, tornando-se um *Kohana* e permanecendo jovem para sempre.

A cerâmica e a arte plumária dos povos amazônicos

Duas manifestações artísticas se destacam entre os povos indígenas em geral, e entre os povos da Amazônia, em particular: a cerâmica e a arte plumária.

A cerâmica é uma arte ancestral, fruto do uso da argila e do fogo. Surgiu na América a partir do momento em que esses povos se tornaram sedentários. Atendia a uma necessidade básica, que é a conservação dos cereais e das bebidas. Potes e tigelas vieram substituir as cuias e cabaças, de origem vegetal e, portanto, de menor durabilidade. Com o tempo, os potes maiores foram usados como urnas funerárias, para a conservação das ossadas humanas, quando os rituais funerários ficaram mais elaborados.

Na Amazônia, os Wará, do Parque do Xingu (MT), e os Asurini, da região central do Pará, mostram-se grandes ceramistas.

Bonecos karajás, em cena de enterro, em que o falecido, envolto numa esteira é levado para a sepultura. Artesanato de 1959. Foto: Maria Heloísa F. Costa, do livro *A arte Karajá*, 1978

Outros povos ceramistas encontram-se na região meridional, no Pantanal sul-mato-grossense, como os Terena, de língua aruak. Em Mato Grosso, encontramos os Karajá, que vivem à beira do rio Araguaia, e que se especializaram na confecção de bonecas, chamadas de *litxokó*, que, tradicionalmente, eram brinquedos de crianças. Feitas em barro cru, trazem os traços típicos da cultura karajá, como a pintura corporal, os brincos de penas e a tanga de embira. Pelo contato com nossa sociedade, esses indígenas passaram a diversificar os personagens, reproduzindo cenas do cotidiano, com muito realismo. (COSTA, M. H. F., *A arte Karajá,* 1978.)

Atualmente, esse artesanato tornou-se importante fonte de renda, sendo muito procurado por turistas.

A arte plumária é outro destaque nas culturas indígenas. Alguns povos amazônicos, como os Kayapó (PA), os Karajá (MT) e os Kaapor (MA), tornaram-se conhecidos pelos belos adornos. Sobre essa última nação, Berta e Darcy Ribeiro fizeram interessantes registros.

> A importância dos adornos plumários em certas cerimônias e o prestígio de que desfrutam aqueles que possuem peças mais elaboradas, são os motores desta atividade passarinheira, que consome longos dias de trabalho de todos os homens. (In: *Arte plumária dos índios Kaapor*, 1957, p. 28.)

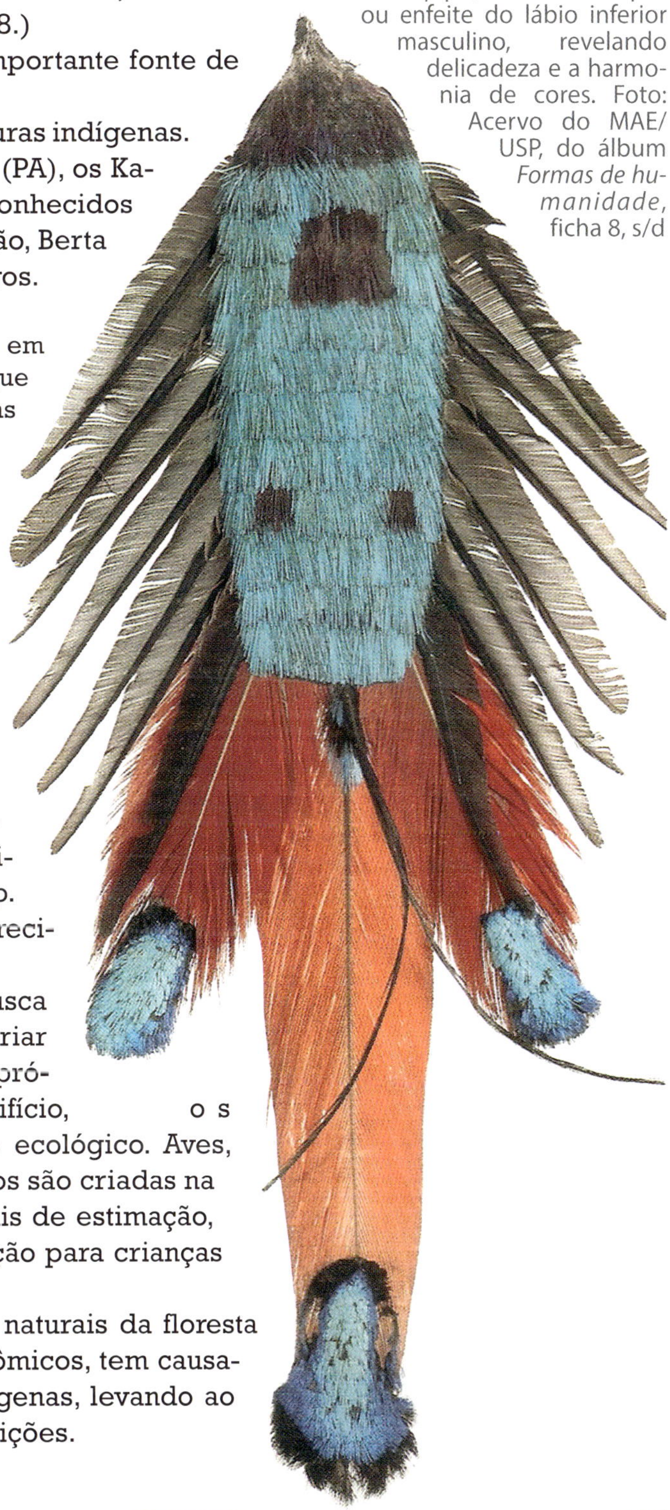

Rembé-pipó, labrete kaapor ou enfeite do lábio inferior masculino, revelando delicadeza e a harmonia de cores. Foto: Acervo do MAE/USP, do álbum *Formas de humanidade*, ficha 8, s/d

A arte plumária desse povo caracteriza-se pela delicadeza dos adereços. É o que observa os mesmos autores, chamando a atenção "pelo tamanho reduzido das peças, pela complexidade da composição com penas e pedaços de pele de vários pássaros, pelo rigor do acabamento e pela delicadeza das associações das cores" (Id., ib., p. 34). Enfim, verdadeiras obras de arte, que precisam ser mais conhecidas e preservadas.

Para evitar os frequentes acidentes na busca de penas, essas comunidades passaram a criar alguns pássaros, utilizando penas que a própria natureza repõe. Sem recorrer ao sacrifício, os indígenas conseguem manter o equilíbrio ecológico. Aves, como arara, mutum, jaú, jacamim e papagaios são criadas na aldeia como *xerimbabo*, isto é, como animais de estimação, que, além das penas, tornam-se uma distração para crianças e adultos.

A exploração desenfreada dos recursos naturais da floresta amazônica, desde os primeiros ciclos econômicos, tem causado grande impacto na vida dos povos indígenas, levando ao desaparecimento de muitos costumes e tradições.

POVOS ANTIGOS DA AMAZÔNIA ESPALHARAM AS FRUTEIRAS DAS FLORESTAS ATUAIS

Em estudo publicado pela revista científica norte-americana Science, em março de 2017, a pesquisadora Carolina Levis e dezenas de outros colegas no Brasil e no exterior traçaram o mais completo mapa da presença de árvores domesticadas na Amazônia. Com informações sobre a distribuição de quase cinco mil espécies arbóreas, os estudos comprovam a influência dos povos indígenas antigos na construção das florestas atuais, com a disseminação de árvores frutíferas.

"Por muitos anos, os estudos ecológicos ignoraram a influência dos povos indígenas antigos nas florestas atuais. Um quarto das espécies de árvores domesticadas por esses povos são amplamente distribuídas na região e dominam grandes extensões de florestas na Amazônia", afirma a bióloga e pesquisadora Carolina Levis. "A maior abundância e riqueza de espécies domesticadas foram encontradas em florestas próximas de sítios arqueológicos. Estes resultados indicam que a flora amazônica é, em parte, uma herança viva de seus antigos habitantes."

Ainda hoje as espécies domesticadas são extremamente importantes para o sustento dos povos amazônicos. Dentre essas 85 espécies, incluem-se fruteiras comercializadas mundialmente, como o cacau, castanha-do-Pará e açaí, constata a bióloga. "A pesquisa tem implicações importantes para a conservação. Mostramos que o sudoeste e leste da Amazônia são as regiões que concentram a maior abundância e riqueza de espécies domesticadas, e, ao mesmo tempo, é onde ocorre a maior parte da degradação e desmatamento. Essas florestas devem ser prioridades para conservação já que, além de serem heranças dos povos antigos, ainda concentram espécies de alto valor para as populações humanas atuais."

(...) O jornal *Folha de S. Paulo* publicou, em 2 de março de 2017, um extenso artigo sobre as constatações da pesquisa publicada na revista Science. Em entrevista ao jornal, o arqueólogo Eduardo Góes Neves, da USP, que também assina a pesquisa, calcula que esse grande processo de "engenharia florestal" amazônica começou há pelo menos seis mil anos. Mas pode ter se intensificado de uns 2.500 anos para cá, pois é quando a região fica repleta de sítios com a chamada terra preta, ou seja, solo fértil resultante da ação humana, em parte pela queima controlada de restos vegetais.

"Nossos dados mostram que a linha separando caçadores-coletores de agricultores na Amazônia foi muito tênue", declarou Neves ao jornal paulistano. Para o arqueólogo "existe uma 'zona cinzenta' na história do manejo dessas plantas, algumas das quais foram intensamente manejadas, mas nunca modificadas geneticamente a ponto de virarem novas espécies".

Ainda segundo Neves, o estudo mostra que, além de serem um patrimônio natural, as florestas da região também são um patrimônio cultural, por sua ligação estreita com a intervenção humana.

Railda Herrero (In: *Porantim*, Brasília, Cimi, nº 393, março de 2017, p. 10.)

Os povos da Mata Atlântica

A Mata Atlântica é outro importante bioma florestal. Considerada a segunda maior floresta do Brasil, ocupava quase todo o litoral brasileiro, do Rio Grande do Norte ao Rio Grande do Sul. Esse bioma foi um dos mais devastados pela ocupação humana, não só pela exploração do pau-brasil, nos primeiros anos da conquista, como também pela implantação da lavoura de cana de açúcar. Com a preservação

CONTRIBUIÇÃO DOS INDÍGENAS DA AMAZÔNIA PARA A CULTURA BRASILEIRA

Além da língua e do banho diário, os povos dessa região nos deixaram um importante legado, a rede, usada tanto para dormir à noite, como para descansar de dia, e que entrou para a cultura brasileira.

Quanto à alimentação, a mandioca foi o grande legado dos povos amazônicos. Assada, cozida e, principalmente como farinha, tornou-se a base alimentar em muitas regiões do Brasil, especialmente no Norte e Nordeste.

A massa do coquinho açaí, típico da região Norte, é outro alimento importante. Nessa região, é consumida com farinha, durante as refeições, sendo um dos pratos mais apreciados. Em outras regiões do Brasil é servida com frutas e cereais.

Outra fruta, cupuaçu, é bem apreciada em forma de suco e sorvete. O guaraná nativo é um grande energético. Industrializado, tornou-se a bebida nacional.

O quinino tem sido importante no combate à malária, além de outros produtos que estão sendo descobertos na flora amazônica. O curare, usado tradicionalmente para envenenar flechas, atualmente é empregado na medicina como anticoagulante.

O látex, com o qual se fabrica a borracha, foi de grande utilidade na indústria moderna. Sua demanda levou à destruição de vários grupos indígenas, pela ação violenta dos seringalistas. Tristes são os episódios envolvendo "patrões de seringais" e indígenas. Com a substituição da borracha nativa pela sintética, houve redução desses violentos ataques.

Mulher Yanomami torrando farinha, na aldeia Marauiá, em Santa Isabel da Cachoeira (AM). A mandioca foi a grande contribuição dos povos indígenas para a alimentação brasileira. Foto: Luís Laudato, do livro *Yanomami Pey Këyo*, 1998, p. 99

de apenas 12% dessa cobertura vegetal, ainda abriga grande biodiversidade.

Os povos indígenas que nela viviam foram os que mais sofreram os impactos da ocupação do Brasil na época colonial. Desde a extração do pau-brasil – primeiro grande processo de venda de madeira de lei no País –, até a especulação imobiliária dos dias atuais, os indígenas da costa convivem com a ocupação e a destruição desenfreada desse ambiente.

A Mata Atlântica recobria todo o litoral brasileiro, com grande diversidade de espécies, incluindo o pau-brasil. Foto: (Angeloleithold/Wikimedia.org)

Nos séculos XVI e XVII, toda essa região foi ocupada pelos povos de língua tupi, ou sejam os Tupi, Tamoio, Tupinambá, Tupiniquim e Potiguara. Deixaram suas marcas não apenas na toponímia, isto é, nos nomes de lugares, como também em costumes, na alimentação e em nomes de animais e plantas. Até em eventos atuais, como a festa junina, pode-se observar a influência indígena.

São diversos os povos que ainda habitam essa região, como os Guarani Mbyá (RS, SC, PR, SP, RJ e ES), os Guarani Nhandeva (PR e SP) e os Tupiniquim (ES). Nesse bioma, no Nordeste, encontramos povos de tradição tupi como os Tupinambá (BA), os Wassu Cocal (AL), os Potiguara (PB), os Pitaguari (CE) e os Tapeba (CE). Há ainda povos de outras tradições, como os Pataxó, os Pataxó-hã-hã-hãe e os Kamakã (BA).

Os Guarani

O povo Guarani vive há muitos séculos em uma ampla região do Cone Sul. Faz parte da grande família tupi-guarani que habitava uma extensa área nos atuais territórios onde estão, atualmente, Brasil, Paraguai, Argentina e Bolívia. Povos dessa família linguística ocuparam quase todo o território brasileiro, estando presente, ao Norte, na Guiana Francesa.

No Brasil, os Guarani estão representados por três subgrupos: Nhandeva ou Avá-Guarani, Kaiowá e Mbyá. Suas aldeias se espalham por vários estados brasileiros, como Mato Grosso do Sul, Rio Grande do Sul, Santa Catarina, Paraná, São Paulo, Rio de Janeiro e Espírito Santo. E, para surpresa de muitos, já estão no Pará.

Os Guarani Mbyá são caminhantes por excelência. Gostam de viajar pelas aldeias, visitar parentes para fortalecer as relações familiares. Esse padrão de mobilidade também está associado à procura de um lugar ideal (*tekoá*) para estabelecer o seu modo de vida tradicional, chamado de *nhanderekó* (nosso jeito de ser, de viver).

Muitos pesquisadores associam a mobilidade guarani à busca pela Terra sem Mal, *Yvy marã ey*. Seria o paraíso perfeito onde há boa água, alimento abundante e no qual as pessoas não envelhecem e nem ficam doentes. Mas essa busca surge apenas quando a comunidade sofre ameaças, externa ou interna, o que ocorreu no início do século passado. Na maioria das vezes, os deslocamentos ocorrem para se buscar uma terra boa para viver e um local de pouco acesso dos não índios.

Os Guarani procuram seguir o "bom conhecimento" (*arandu porã*), isto é, o indivíduo deve demonstrar bons sentimentos e relacionar-se bem com as pessoas para que sua alma fique leve. Expressões de raiva ou agressividade não são bem vistas pela comunidade, pois são típicas de quem está se afastando de *arandu porã*.

Embora contem com uma liderança principal, que muitas vezes é também o líder religioso, as aldeias organizam-se em núcleos familiares, cada qual com seu chefe.

O tempo ritualizado

Os Guarani Mbyá dividem o ano em dois principais momentos: *ara ymá* (tempo antigo) e *ara pyaú* (tempo novo).

Ara pyaú, tempo novo, o começo do ano guarani, vai do final de agosto até março. É uma época de grande atividade, com coletas de frutas nativas e cultivares, quando se realizam o batismo da erva-mate, planta muito utilizada pelos Guarani, e quando são feitas as projeções para o novo ano. Segundo eles, durante o ritual de *ara pyaú*, o mate fala com *Xeramõi* (pajé) e lhe conta como será o próximo ano.

Guarani Mbyá guardando o milho tradicional. Foto: Clóvis Brighenti, Cimi-Sul, 1999

Moradia típica Guarani Mbyá, em Rio Pequeno, Parati (RJ). Foto: Maria Inês Ladeira-CTI, do livro *Terras Guarani no litoral*, 2004, p. 98

No mês de janeiro ocorre o *nheemongaraí*, ritual importante, pois trata da nominação das crianças, comumente chamado de "batismo das crianças". A comunidade se prepara durante o dia, produzindo muito alimento feito com milho, batata-doce, *xipá* (espécie de pão sem fermento, feito com farinha de trigo e assado na brasa) e *kaguyjy* (cauim, bebida fermentada à base de milho).

Esse ritual tem cantos e danças ao longo da noite, chegando ao ápice no momento de nomear as crianças. Ao contrário da nossa sociedade, em que os pais escolhem o nome dos filhos, entre os Guarani esse nome tradicional é revelado pelo *Xeramõi*, que o recebe das regiões celestes. Grandes oradores, fazem belos discursos durante os rituais, sempre com o objetivo de fortalecer a união da comunidade e expressar seu amor e preocupação com a natureza.

Com a chegada de *ara ymá*, o tempo antigo, no início de março, as atividades na aldeia vão diminuindo. É o tempo de recolhimento, pois segundo os Guarani, é importante que o corpo descanse nesse período para que as pessoas não percam as forças e nem fiquem doentes. Esse período vai até julho.

FESTA JUNINA: A MAIS INDÍGENA DAS FESTAS POPULARES

Nas festas juninas, tão populares no Brasil, encontramos muitos elementos indígenas de diversas origens, principalmente dos povos Tupi.

As festas de junho, quando são comemorados São João e São Pedro, tinham, na Europa, elementos como a fogueira e danças típicas. Todos foram trazidos para o Brasil pelos colonos e missionários. A festa de São João coincidia, na Europa, com o solstício de verão – que marca o dia mais longo do ano –, ocasião em que eram relembrados antigos rituais agrícolas. Era "quando as populações do campo festejavam a proximidade das colheitas e faziam sacrifícios para afastar os demônios da esterilidade, pestes dos cereais, estiagens", como observava Câmara Cascudo. (*Dicionário do Folclore Brasileiro*, 1988, p. 404.)

Importada pelo Novo Mundo, esta festa coincidiu com o solstício de inverno, quando ocorria o dia mais curto do ano. (...) No Brasil, as festas juninas tiveram grande popularidade nas missões jesuíticas e nas vilas a partir do século XVI. Embora São João, entre os santos católicos, seja um personagem austero, rígido e até intolerante, com a introdução dos rituais não-cristãos em sua festa, ele passou a ser lembrado como "um deus amável e dionisíaco, com farta alimentação, danças,

Os Guarani costumam dizer que *Nhanderu* (nosso pai, Deus), é responsável pela criação de todas as coisas da mata e também pelos donos (*Já/Djá*) dos recursos naturais.

Cada elemento da natureza, de fato, tem um protetor: *Itajá* (o dono das pedras), *Yyjá* (a dona da água), *Koxijá*, dono da queixada. É necessário pedir autorização aos *Djá* para entrar em contato com esses elementos, não sendo aconselhável retirar materiais em excesso ou caçar animais sem necessidade. Caso isso ocorra, os *Djá* podem lançar malefícios às pessoas, provocando doenças e desequilíbrio na comunidade.

Entre os Tupi, essas entidades eram denominadas de *Yara*. Daí vem a crença da *Yyara*, que na cultura desses povos é o "dono da água". Mas na cultura mestiça, tornou-se uma entidade feminina, talvez por influência europeia, sendo chamada de Mãe d'Água.

Quanto à arte material, o artesanato guarani é muito vasto. Há, especialmente, cestarias e vários objetos feitos para a comercialização, como zarabatanas, arcos, flechas, colares, brincos e enfeites diversos. Também são fabricadas esculturas de animais em madeira, que podem representar elementos de crenças da comunidade ou simples objetos artesanais para venda.

Quanto à moradia, o Guarani Mbyá vive em grupos familiares e não em aldeias muito estruturadas. Constrói suas casas separadas umas das outras, com certa distância, para manter o grupo familiar mais coeso.

Atualmente, a pressão sobre o uso de recursos da Mata Atlântica e a disputa acirrada por esse território por moradores regionais e empreendimentos imobiliários têm exigido das comunidades indígenas um grande esforço, visando o respeito a seus direitos e a manutenção de práticas culturais. Os indígenas também têm sido vítimas de conflito com o governo e com os ambientalistas, quando há sobreposição de áreas de conservação ambiental com terras indígenas.

músicas, bebidas e uma marcada tendência sexual nas comemorações populares", como também afirma Cascudo (Id, ib.).

Não sem razão que Santo Antônio, também cultuado em junho, tenha conotação de "santo casamenteiro", além de ser invocado para "encontrar objetos perdidos".

São Pedro também é comemorado nesse período. No Brasil, foi associado à poderosa entidade indígena Tupã. Visto pelos Tupis como Deus criador, Tupã era o dono da chuva e dos trovões. É o que registraram os missionários e cronistas coloniais: "Os selvagens [sic] deste lugar mencionam um Grande Ser, cujo nome em sua língua é Tupan, acreditando que viva nas alturas e faça chover e trovejar." (THEVET, 1978, p. 99.)

Essa ligação de São Pedro com Tupã se faz notar ainda hoje, pois em várias regiões se fala em "pedir chuva a São Pedro" ou se reclamar quando "São Pedro exagera na chuva". Até foi cunhada a expressão popular "manda-chuva", com duplo significado: no sentido original, referindo-se a Tupã, e no sentido analógico, designando o chefe, isto é, aquele que manda mais.

Com o tempo, essas celebrações religiosas portuguesas passaram a receber da cultura nativa muitos elementos, provavelmente, pela dimensão rural que conservaram. Eram festas rurais, comemoradas por mestiços, chamados de caboclos ou caipiras.

PALAVRAS PORTUGUESAS DE ORIGEM TUPI

A língua portuguesa do Brasil conta com aproximadamente três mil palavras de origem tupi/guarani. Englobam vocábulos de uso diário, além de nomes de plantas, de animais, e, sobretudo, de lugares, chamados topônimos.

Essa influência provém da época em que a língua tupi era falada por um terço da população brasileira, e, em algumas regiões, até pela maioria da população. Na verdade, o que se falava era um tupi mestiço, chamado de *língua geral*, que era a língua tupi com vocábulos portugueses ou de outras línguas indígenas, como o guarani. Em 1756, um decreto de dom José I, rei de Portugal, pôs fim ao uso público dessas línguas. Em algumas províncias, como no Espírito Santo, os falantes de língua indígenas eram ameaçados de prisão, além da pressão social que as consideravam "dialetos" e linguagens de povos atrasados. Entretanto, deixaram sua marca na língua portuguesa do Brasil, tanto no vocabulário como no sotaque regional, criando quase um dialeto no interior de São Paulo, o caipira.

Em muitos topônimos aparecem palavras formadas originalmente por /y/ (com som gutural), que significa água ou rio. Como na língua portuguesa esse som não existe, esses topônimos foram grafados ora com /i/, como *Capivari*, ora com /u/, como *Pacaembu*. Nessa lista dos vocábulos de origem tupi, algumas vezes aparece a letra G, que indicará que a palavra é de origem guarani, idioma que deixou traços, principalmente nas regiões Sudeste e Sul.

O curioso é que muitas palavras de origem tupi incorporadas pela língua oficial eram tidas como expressões populares. Eram uma espécie de gíria, e ainda hoje são utilizadas na linguagem coloquial, herança mestiça cujos antepassados falavam o tupi.

Em cada região do Brasil, a festa foi incorporando elementos de suas bases indígenas. No Sul, entrou o pinhão, alimento tradicional do povo Kaingang.

(...) No Sudeste e Nordeste, foram igualmente incorporados elementos da festa do milho de tradição tupi-guarani, quando vão predominar pratos feitos à base de milho, como o bolo de fubá, a canjica, o curau, a pamonha, a pipoca e o milho verde cozido ou assado na brasa. O quentão vai lembrar também o cauim indígena. O que antigamente era feito com mandioca ou milho fermentado, atualmente, na ausência da fermentação natural, faz-se com pinga e gengibre.

A presença tupi é sinalizada pelos nomes desses pratos típicos: pamonha (do tupi *pomonga*= pegajoso), creme cozido na casca de milho, que faz lembrar pratos indígenas assados na folha da bananeira; o curau (do tupi *kure*= ralado + *u* = comida), é o creme de milho ralado; canjica (do guarani: *kangy*= mole + *kaa*= planta), mingau feito com milho seco despolpado e cozido.

(...) Outros alimentos indígenas entraram na festa, como a batata-doce assada, a mandioca assada ou cozida e o famoso pé-de-moleque, feito com amendoim, também indígena.

PREZIA, Benedito, *Porantim*, Brasília, nº 276, junho de 2005, pág. 11.

arapuca (*ara*: cair; *buka/puka:* buraco): armadilha para pegar pássaros; originalmente, designa um buraco feito na terra e coberto de galhos, usado para capturar animais que não voam.
apear (*aiepea*: apartar, separar): descer (do cavalo ou do ônibus, por exemplo).
babaca (*babaka*: revirar, desconjuntar, desconjuntado): modo ofensivo de se dirigir a alguém ou falar sobre uma pessoa tola ou desatenta.
biboca (*yby*: terra; *buka*: buraco): buraco na terra, cova; moradia precária.
caatinga (*ka'a*: mato; *tininga*: seco): mato seco, típico do sertão nordestino.
caca (*kaká*: fezes - G): fezes, sujeira.
caipira (*ka'a*: mato + *póra*: morador): o morador do mato, o roceiro; em São Paulo, designação pejorativa dada às pessoas da zona rural ou acanhadas.
capim (*kaa*: mato; *im/mirim*: pequeno): mato rasteiro, relva.
capixaba (*kapyaba*: casa na roça): nome que era dado às pessoas que viviam na roça; atualmente, designa o morador do estado do Espírito Santo.
capoeira (*ka'a*: mato; *puera*: o que foi): o que foi mato, lugar onde havia mata.
coroca (*kuruka*: resmungão): diz-se da pessoa resmungona, com sinais de decrepitude, ex. velha coroca.
guri (*guiri*: filhote de bagre): no Sul, por analogia, tratam-se por esse nome os meninos (guri) e as meninas (guria).
lenga-lenga (*nhenga*: falar, com a reduplicação da palavra, o que denota insistência): conversa fiada.
maloca (*maloka*: aldeia, casa): casebre, habitação precária.
mingau (*mingau*): alimento pastoso (com mesma grafia e significado do tupi).
mirim (*mirim*): pequeno (com mesma grafia e significado do tupi).
muquirana (*mokirana*: espécie de piolho): piolho e por extensão de sentido, modo de se referir às pessoas avarentas, agarradas ao dinheiro.
nhenhenhém (*nhenga*: falar; com a reduplicação da palavra, o que denota insistência): conversa fiada.
oi: saudação.
sapecar (*apek, sapek*: chamuscar): passar pelo fogo. Fala-se de criança sapeca, por ser agitada, saltando como a fagulha do fogo.
paçoca (*apasoka*: pilar): farinha pilada, às vezes com carne-seca ou carne de sol; em algumas regiões, doce feito de amendoim socado.
pereba (*mereba, pereba*): ferida, chaga.
peteca (*petek*: bater com a palma da mão): objeto de palha, usado em brincadeira infantil.
piá (*piaba*: piaba, espécie de peixe pequeno, de rio): no Sul, por analogia, designam-se assim as crianças.
pitar (*petuma/petum*: tabaco): sinônimo de fumar.
pixaim (*apixaim*: cabelo chamuscado): cabelo encarapinhado, característico dos afrodescendentes.
sapiar (*essapyá*: apanhar de surpresa): olhar de maneira curiosa, intrometida.
sururu (*sururu*: invasão de domicílio - G): confusão, motim.
tiririca (*tirica*: estalar): mato que se espalha facilmente; erva daninha.
toró (*tororon*: borbulhar): tromba-d'água, tempestade.
xará (*xerera*: meu nome - G): aquele que tem o mesmo nome.
xixi (*ty*: urina; a reduplicação da palavra denota abundância - G): urina no linguajar infantil.

TOPÔNIMOS: NOMES DE LUGARES

Abaeté (*abá*: homem; *etê/eté*: de verdade, autêntico): homem forte, valentão. Lagoa da cidade de Salvador.

Anhangabaú (*anhangá*: espírito maléfico; *oba*: rosto, imagem; *y*: rio): rio onde aparece a visão do espírito maléfico, rio da assombração. Riacho no centro de São Paulo, canalizado.

Anhembi (*anhuma*: anhuma ou inhaúma, espécie de ave com esporão; *y*: água, rio): rio das anhumas. Antigo nome do rio Tietê, em São Paulo.

Araçatuba (*arasá*: araçá, goiaba selvagem; *tyba*: muito): lugar com muito araçá. Nome de cidade paulista.

Curitiba (*kuri*: pinhão; *tyba*: muito): pinheiral. Nome da capital do Paraná.

Guanabara (*guai*: baía; *anama*: semelhante; *pará*: rio caudaloso): baía formada por um rio caudaloso. Nome da baía localizada no Rio de Janeiro.

Ibirapuera (*ybyrá*: árvore; cerca de árvore, paliçada; *puera*: o que foi): lugar onde havia uma árvore caída ou uma aldeia com paliçada, isto é, aldeia fortificada. Nome de bairro e parque na cidade de São Paulo.

Itacolomi (*itá*: pedra; *colomi/curumi*: criança): pedra em forma de criança. Pico e Parque Estadual de Minas Gerais e cidade baiana.

Itaimbé/Itambé (*itá*: pedra; *embé*: lábio, borda): vale de paredes abruptas, precipício. Parque na cidade de Santa Maria, no Rio Grande do Sul.

Itaipava (*itá*: pedra; *y*: rio; *upaba*: leito, cama): rio com pedra semelhante a cama; rio com pedras chatas, formando corredeiras. Distrito de Petrópolis (RJ).

Itaipu (*itá*: pedra; *y*: rio; *pu*: barulho): rio da pedra que faz barulho. Nome de hidrelétrica na fronteira entre o Brasil e o Paraguai.

Jabaquara (*jabapora/jabá* = o fugitivo; *kuara* = esconderijo): lugar onde se escondem fugitivos; quilombo. Bairro da cidade de São Paulo.

Contribuição dos povos tupi-guaranis para a cultura brasileira

Entre muitas contribuições do povo guarani à sociedade brasileira, podemos destacar, na cultura popular, a ciranda e a peteca.

Entidades indígenas saíram do mundo religioso e entraram para nosso folclore como Curupira, Saci, Yara ou Mãe d'Água, como se verá mais à frente.

Na alimentação herdamos pratos feitos à base da mandioca, como beiju, tapioca, farinha. E ainda a moqueca de peixe e o azul-marinho, prato caiçara com peixe e banana verde cozida. Para beber, temos o mate quente e o chimarrão, que se tornou bebida nacional na Argentina, Uruguai e nos estados do Sul do Brasil. O mate frio, denominado *tererê*, é muito apreciado em Mato Grosso do Sul.

O tabaco, que se difundiu pelo mundo, e a cestaria são também heranças indígenas.

Na música regional recebemos a guarânia, em Mato Grosso do Sul, a música sertaneja de raiz, no Centro-Oeste e Sudeste. Há ainda danças como a catira ou cateretê, em São Paulo e em Mato Grosso, mas muitas manifestações culturais de origem indígena estão em vias de desaparecimento.

Joaçaba: (*jobasaba, îoasaba*= cruzamento): caminho em formato de cruz, encruzilhada. Cidade catarinense.

Marabá (*marãna*: guerra; *ybá*: fruto): fruto da guerra. Nome dado ao filho do prisioneiro, que deveria ser sacrificado com o pai. Cidade paraense.

Maracanã: espécie de papagaio. Córrego, bairro e estádio de futebol da cidade do Rio de Janeiro. Cidade paraense.

Mogi Guaçu (*mboia*: cobra; *y*: água, rio; *guasu*: grande): rio da cobra, o grande. Rio e cidade paulista.

Mogi Mirim (*mboia*: cobra; *y*: rio; *mirim*: pequeno): rio da cobra, o pequeno. Rio e cidade paulista.

Pacaembu (*paka*: paca, animal; *yemby*: córrego): córrego da paca. Cidade paulista, bairro paulistano, onde se localiza importante estádio de futebol.

Pará (rio caudaloso): antigo nome do rio São Francisco. Ainda hoje, um dos afluentes do rio São Francisco, em Minas Gerais, chama-se rio Pará, o que é um pleonasmo. O rio Amazonas também foi chamado de Paraguaçu (grande Pará), como atesta o antigo nome do estado, Província do Grão-Pará.

Paraná (*pará*= rio caudaloso; *anama*= parente, semelhante): semelhante a um rio caudaloso. Este nome passou a designar também o mar, pois os Tupi, vivendo no interior, só conheciam grandes rios. Nome do rio que passa por vários estados sulinos.

Paranaguá (*paraná*= mar + *gua*= baía): baía marítima. Nome de cidade litorânea do Paraná.

Pernambuco (*paraná*= mar; *buka/puka*: furado): mar furado, com muitos furos, isto é, entrecortado por recifes. Estado do Nordeste e antigo nome da cidade de Recife.

Pindamonhangaba (*pindá*: anzol; *monhanga*: fazer; *ba*, aférese de *endaba*: lugar): lugar onde se faz anzol. Cidade paulista.

Piracicaba (*pira*: peixe; *sykaba*: chegada): lugar onde o peixe chega na piracema. Cidade paulista.

Taguatinga (*tawa*: barro; *tinga* = branco): lugar onde há barro branco. Cidade satélite de Brasília.

Tucuruí (*tucura*: gafanhoto; *y*: rio): rio do gafanhoto. Rio e hidrelétrica no estado do Pará.

Para registrar

- Os Desana e Tukano, indígenas do Alto Rio Negro, já identificaram quarenta espécies de mandioca. Em toda a Amazônia foram classificadas mais de noventa espécies desse tubérculo.
- Nos rios da Amazônia vivem 2.500 espécies de peixes, superando a fauna aquática do Atlântico Sul. Na região amazônica vivem 1.800 espécies de aves. Numa única árvore da floresta podem ser encontradas 43 espécies de formigas, mesmo número do total de espécies existentes em toda a Grã-Bretanha.
- De 1500 a 1970, a Amazônia teve um desmatamento de apenas 1% de suas florestas, graças, principalmente, à presença dos povos indígenas. Mas, de 1970 a 2018, 20% da cobertura vegetal na região foi destruída. A área do desastre equivale aos territórios do Rio Grande do Sul, Santa Catarina, Paraná, Rio de Janeiro e Espírito Santo. (*Living Planet Report* 2018.)
- Cerca de 25% dos produtos da medicina moderna foram tirados de princípios ativos das florestas tropicais, como a vincristina e a vimblastina, que combatem o câncer.
- A língua geral amazônica ou nheengatu, idioma de base tupi com elementos do português, ainda é falada por aproximadamente cinquenta mil indígenas, tanto do Alto Rio Negro (AM) como da Colômbia. É uma língua corrente de vários povos da região.
- Algumas etnias, que perderam a língua nativa, adotaram uma língua mestiça. É o caso dos Baré, com o nheengatu, de base tupi, e dos Galibi Marworno e Karipuna do Oiapoque (AP), que possuem o patuá, de base karib, com elementos da língua francesa.
- Na literatura brasileira esses povos deixaram a marca na *Semana da Arte Moderna*, de 1922, em São Paulo. Não apenas com o *Manifesto Antropofágico*, mas, principalmente, com o livro de Mário de Andrade, *Macunaíma*, em que o autor usa mitos amazônicos para explicar o Brasil.

Referências bibliográficas

CASANOVAS, Afonso. *Noções de Língua Geral ou Nheengatú*. São Gabriel da Cachoeira, 2000.

COSTA, L. A. *As Faces do Jaguar:* Parentesco, História e Mitologia entre os Kanamari da Amazônia Ocidental. Tese de doutorado, Museu Nacional, Rio de Janeiro, 2007.

COSTA, Maria Heloísa Fenelon. *A Arte e o Artista na Sociedade Karajá*. Brasília: Funai, 1978.

CUNHA, Antônio Gonçalves da. *Dicionário Histórico das Palavras Portuguesas de Origem Tupi*. 3ª ed. São Paulo: Melhoramentos; Edusp, 1989.

GUASCH, Antonio. *Dicionario Castellano-Guarani y Guarani-Castellano*, 4ª ed., Sevilla: Gráficas La Gavidia, 1962.

LADEIRA, Maria Inês. *Espaço Geográfico Guarani*: Significado, Constituição e Uso. São Paulo: Unesp, 2008.

Para saber mais

- Sobre o povo Guarani Mbyá, ler o livro de Maria Inês Ladeira *O caminhar sob a luz. Território mbya à beira do oceano,* Editora Unesp, 2007.
- Sobre os Guarani Kaiowá há o livro de Levi Marques Pereira *Os Kaiowá em Mato Grosso do Sul*. Módulos organizacionais e humanização do espaço habitado, da Editora Universidade Federal da Grande Dourados, 2016.
- Para entender a relação dos indígenas com a natureza ler *O Livro das Árvores*, dos professores Ticuna, da Editora Global, 2006.
- Sobre as brincadeiras indígenas, ver a obra *Jogos e brincadeiras na cultura Kalapalo*, organizado por Marina Herrero e Ulysses Fernandes, das Edições Sesc-SP, 2010.
- Assistir ao vídeo *Os seres da mata e sua vida como pessoas (Nhandé va'e kue meme'i)*. Direção de Rafael Devos. Produção executiva de Anelise Gutterres. Porto Alegre, Prefeitura Municipal de Porto Alegre, 2010. Disponível em: <http://vimeo.com/16341930>.
- Ver também o vídeo *Índios no Brasil* – Nossas Terras, Filhos da Terra, Secretaria de Educação Fundamental, TV Escola, MEC. Disponível em <https: tvescola.org.br/tve/vídeo/índios-no-brasil-nossas-terras>.
- Assistir ao vídeo *Xingu, terra ameaçada*, DVD quádruplo, vol. 1 e 2, que recupera a série Xingu, da TV Manchete, feito em 1984 pela equipe de Washington Novaes nas aldeias do Alto Xingu. Depois de 22 anos esse jornalista retornou ao Xingu, registrando as mudanças ocorridas.

LADEIRA, Maria Inês; MATTA, Priscila (org.). *Terras Guarani no Litoral*. São Paulo: CTI, 2004.

MPEG/CNPq/MCT, *O Museu Paraense Emílio Goeldi*. São Paulo: Banco Safra, 1986.

MAE-USP. *Formas de Humanidade*. Manifestações sócio-culturais indígenas. Guia temático para professores. São Paulo: MAE/USP, s/d.

NAVARRO, Eduardo de A. *Dicionário Tupi Antigo*. A língua indígena clássica do Brasil. São Paulo: Global, 2013.

NIMUENDAJU, Curt H. *Fragmentos de Religião e Tradições dos Índios Sipaia*. Religião e Sociedade, Rio de Janeiro: Tempo e Presença, v. 7, 1981, p. 14-15.

RIBEIRO, Berta G. *O índio na Cultura Brasileira*. 2ª ed. Rio de Janeiro, Revan, 1991.

RIBEIRO, Darcy; RIBEIRO, Berta. *A Arte Plumária dos Índios Kaapor*. Rio de Janeiro, 1957.

ROOSEVELT, Anna. Arqueologia Amazônica. In: CUNHA, Manoela Carneiro da. *História dos Índios no Brasil*. 2ª ed. São Paulo: Companhia das Letras/ Fapesp/SMC, 1998, p. 53-86.

TREVISAN, Renato; IURMAN, Emilio. *Kayapó, il Populo che Venne dall'acqua*. CIACS, Missionari Saveriani, Parma, 2002.

VIDAL, Lux; MÜLLER, Regina. Pintura e Adornos Corporais. In: RIBEIRO, Berta (coord.). *Suma Etnológica Brasileira*. Petrópolis: Vozes/Finep, 1987, p. 119-148.

3. Povos da região seca

O povoamento do mundo

Há muito tempo o sol andava de intriga com sua irmã gêmea, a lua. Tudo era gente naquele tempo. O sol sabia tudo. Este sol era o chefe dos homens, mas era bem ruim. A lua, ao contrário, já era do lado dos homens e ajudava os homens contra o sol. Nessa época não tinha caça nenhuma, não tinha nada no mato. Os homens corriam pelo mato e não encontravam nada. Por isso, eles queriam matar o sol e a lua estava do lado dos patrícios. Mas ninguém podia com o sol. Ele sabia tudo.

Foi um dia [em] que a lua ensinou os patrícios a fazer a roda de fogo para matar o sol. Os homens chegaram no mato seco, rodearam o sol e tocaram fogo no mato. Pensaram que o sol desta vez estava perdido, todo rodeado de fogo.

Mas ele arranjou um jeito de aparecer uma lagoa perto dele e entrou dentro d'água. Saiu bem rápido e chegou na aldeia antes dos homens.

Quando os homens voltaram, o sol já estava lá. Os homens ficaram bravos, mas não podiam mesmo com este sol...

O sol [para vingar] queria que os homens virassem bicho, mas a lua não deixava. [...] Então, o sol chamou os patrícios e falou que no mato estava cheio de frutas boas. Os homens estavam morrendo de fome e se foram atrás do sol.

Acharam uma jabuticabeira, subiram e começaram a chupar fruta. O sol que estava no chão pegou um pau e começou a balançar a jabuticabeira, fazendo uma ventania. Os homens balançavam, quase caindo lá de cima. Gritavam, mas não tinha jeito, o sol não parava. Aí os patrícios pegaram uma cordinha e começaram a se amarrar nos galhos da árvore para não cair. Então o sol fez uma coisa e cada patrício virou bicho. O que virou anta era muito pesado, caiu e saiu correndo. Os outros que caíam iam virando quati, cotia. [...] Os que ficavam em cima viravam macaco e para escapar, pulavam nas outras árvores. O último virou bugio.

[...] Passado um tempo, o sol chamou os homens pra caçar. [...] Agora tinha bastante caça ali.

Mito do povo Ofaié

DUTRA, Carlos A. *Ofaié, o povo do Mel*. Campo Grande: Cimi MS, 1991, p. 7.

Com a leitura do mito, vemos que muitos povos indígenas não viviam em região de floresta tropical, mas em áreas descampadas, de cerrado, e tentavam conviver num clima quente, marcado pelo forte sol tropical. Por isso, o sol, muitas vezes, é tido como adversário.

Os povos de língua do tronco macro-jê tiveram origem, provavelmente, na região entre o nordeste de Minas Gerais e o sul da Bahia, segundo o linguista Greg Urban, como se vê pela diversidade linguística da região (In: CUNHA, M. C. *História dos índios no Brasil*, 1998, p. 91). Com o passar do tempo, dispersaram-se pelo Centro-Oeste, onde permaneceram por vários séculos. Aos poucos, foram migrando para as regiões secas do Nordeste e para os campos do Sul.

Ao contrário dos moradores de floresta, que se deslocam muito, esses povos são mais sedentários, permanecendo por longo tempo num território definido. Com a pressão colonial, algumas nações tiveram de se mudar para regiões de floresta tropical, como foi o caso dos Panará (conhecidos como Kreen-Akarore) e dos Kayapó, que migraram do sul de Goiás para o alto Xingu e sul do Pará.

São conservadores, apegados à língua materna e às tradições, como mostram os Maxakali, de Minas Gerais, e os Fulni-ô, de Pernambuco. No Leste e no Nordeste são os únicos povos que ainda preservam a língua nativa, após quinhentos anos de destruição cultural.

Eis alguns povos que fazem parte desse grupo cultural:

Povo	Língua	Estado
Apinajé	apinayé	TO
Bororo	bororo	MT
Canela	timbira	MA
Fulni-ô	iatê	PE
Krahô	timbira	TO
Kaingang	kaingang	SP, PR, SC, RS
Kayapó	kayapó	MT, PA
Kiriri	português	BA
Maxakali	maxakali	MG
Ofaié	ofaié/português	MS
Panará/Kreen-Akarore	panará	PA
Rikbatsa	rikbatsa	MT
Xavante	xavante	MT
Xerente	xerente	TO
Xokleng	xokleng	SC

Organização social

Esses povos de língua jê vivem, geralmente, em sociedades bastante hierarquizadas, em que o poder político é muitas vezes centralizado na pessoa de um chefe geral. Para contrabalançar essa tendência de chefia centralizadora, foi criado o sistema de metades, que divide a comunidade em dois grandes grupos, alternando-se no comando da aldeia. Numa parte do ano – época das chuvas –, uma metade assume a chefia. Na época da seca, a outra metade exerce

Aldeia Pedra Furada, ao norte do Tocantins, construída no formato circular, segundo a tradição krahô Foto: Benedito Prezia, 1988

esse poder. Cada metade tem funções específicas em festas, rituais e competições esportivas.

O homem nunca se casa com a mulher da mesma metade e a descendência é patrilinear, isto é, os filhos seguem a linhagem do pai. Da mesma forma, no ritual funerário, são as pessoas da outra metade que se encarregam de cuidar de quem morreu.

Por não terem a floresta como proteção física, costumam construir aldeias em forma circular, numa espécie de trincheira natural. São os casos dos Kayapó e dos povos da família Timbira, como os Krahô, do Centro-Oeste. Outros, como os Xavante, constroem a aldeia no formato de meia-lua.

Os Maxakali, de Minas Gerais, os Kaingang, do Sul, e os Ofaié, de Mato Grosso do Sul, por terem conservado um estilo de vida mais próximo aos coletores, faziam ranchos simples, de acordo com os grupos familiares. Atualmente, adotam casas no estilo da população regional.

Essas nações, tradicionalmente, dormiam no chão sobre palha, esteiras ou pele de animal. Havia também o jirau, que é uma cama de varas, recoberta por esteira ou pele. A rede foi incorporada mais

Casa tradicional da aldeia Pedra Furada, do povo Krahô. Foto: Benedito Prezia, 1988

recentemente, por oferecer maior conforto e segurança contra animais peçonhentos.

A casa serve apenas para dormir, sendo a comida feita fora dela. Para eles, o espaço mais importante é o pátio da aldeia, onde são realizados os encontros dos homens. Ali, ocorre a distribuição das tarefas da aldeia, sendo o local de confraternização e de realização dos rituais.

Entre os Krahô, o rezador caminha pelo pátio todas as madrugadas, cantando com seu maracá e lembrando a todos das obrigações do dia.

Rito de passagem

Entre os povos indígenas, a criança começa a participar muito cedo da vida adulta. Em geral, a mulher torna-se mãe aos treze anos, com a primeira menstruação, e o rapaz torna-se pai entre quinze e dezesseis anos. Entretanto, isso não ocorre sem a devida preparação, que acontece nos chamados ritos de passagem, como se verá mais à frente.

A corrida de tora

Uma das características dos povos de língua jê é a corrida de tora, que ocorre em rituais religiosos, nas atividades esportivas ou simplesmente por lazer. Entre os Xavante é realizada tanto por homens como por mulheres. Antigamente, servia como preparação aos enfrentamentos guerreiros, quando se carregavam os parceiros feridos ou mortos.

A CORRIDA DE BURITI

A corrida de buriti consiste em transportar duas toras de palmeira dessa espécie, com peso de mais ou menos oitenta ou noventa quilos, a uma distância de aproximadamente oito quilômetros. É [...] um desafio [de revezamento] entre dois grupos, cuja testemunha e árbitro são as duas toras transportadas no ombro dos corredores.

Corrida semelhante, mas com uma tora mais leve, de quarenta ou cinquenta quilos, num percurso de quatro a cinco quilômetros, é feita pelas mulheres, quando os homens estão fora [da aldeia], na caça.

[...] A corrida de buriti serve, como eles dizem, para dar rowenda, isto é, alegria e felicidade.

Por que os Xavante fazem esta corrida?

Fazem para alegrar-se e para festejar o tempo. Não pode o tempo estar parado, nem pode permanecer sem movimento. Para o tempo se faz esta corrida e, portanto, quando os Xavante estão preparados, esta corrida pode sempre ser feita; [...] para as outras festas são precisos muitos preparativos, mas para esta festa não. [...] Se faz esta corrida para passar o tempo.

GIACCARIA, Bartolomeu; HEIDE, Adalberto. *Xavante, Povo Autêntico*. São Paulo: Editorial Dom Bosco, 1972. p. 244-245.

Crenças

Os Xavante não têm a concepção de um Deus criador. Para eles, o mundo e os homens já existiam quando os Parinayá, seus heróis civilizadores, surgiram para ajudar os humanos. Vivendo entre as pessoas da terra, foram perseguidos e mortos, mas, por serem imortais, transferiram-se para o mundo dos espíritos.

Os elementos da natureza, como a água, têm uma dimensão espiritual. Há dois tipos de água: a "água viva", formada pelos rios e fontes, sendo chamada de /ö/. É a morada dos espíritos bons, os ötedewa. A outra, é a "água morta" ou "água parada", situada nos lagos e brejos, sendo chamada de /u/. Ali moram os espíritos maus, chamados de utedewa. (GIACCARIA, B. Significado da água na cultura Xavante, 1978, p. 96.)

Acreditam ainda em entidades protetoras, que zelam também pelos animais. Com a morte, a alma vai para outro mundo, semelhante ao nosso.

Alimentação e armas

O milho tem papel primordial na dieta desses povos, embora a mandioca já tenha sido introduzida.

Utilizam ainda outros alimentos como a batata-doce, a abóbora ou moranga, o feijão, a fava e feijão andu. Desses povos herdamos o feijão como alimento básico, tornando-se parte da culinária nacional, prato diário do brasileiro.

A dieta alimentar é completada pela coleta de frutas da região, como caju, gabiroba, goiaba, coquinho e jatobá. No entanto, alimentos industrializados, como sal, macarrão, refrigerante e doces, cada vez mais tem entrado nas aldeias, causando problemas, como o diabetes e a hipertensão.

A caça e o mel têm grande importância na alimentação, mas quase não usam o peixe. De acordo com a região, outros alimentos mostram-se importantes, como o amendoim, que é básico na cultura do povo Panará, do Pará. Esse alimento deveria ter destaque também para os indígenas de Minas Gerais, que o deixaram de herança para a população brasileira, criando o pé-de-moleque e a paçoca.

O arco e a flecha eram armas tradicionais. As pontas das flechas diferenciavam-se de acordo com a caça. A borduna e, principalmente, um pequeno cacete, denominado de bilro pelos portugueses, por lembrar o bastão usado no jogo espanhol da pelota basca, foram importantes armas de guerras.

Com elas tornaram-se muito temidos, pois um golpe de borduna ou de bilro podia ser mortal. Por isso, foram chamados pelos portugueses de bilreiros, e pelos povos de língua tupi de ybyrajara, o senhor da borduna. Atualmente, a espingarda é amplamente utilizada pelos homens.

Manifestações culturais

Ao contrário dos povos de regiões de floresta, que são grandes ceramistas, os Xavante e outras etnias do cerrado destacam-se pela confecção do artesanato de palha. Essa limitação ocorre por dependerem de uma economia sazonal, que os obriga a longas caminhadas a pé, não sendo viável o transporte de pesadas vasilhas de barro.

Fazem ainda colares e pulseiras com sementes, unhas e dentes de animais, conchas e outros objetos da natureza, como os Bororo.

Alguns desses povos destacam-se pelos cocares de pena, bastante vistosos e de certa forma monumental, como dos Kayapó, Karajá e Bororo.

Os Kayapó

Outro povo de língua jê a destacar é o Kayapó. Vivia originalmente na região de cerrado, no atual Tocantins. Com a pressão dos portugueses, que ocuparam esse território no século XVIII em busca de indígenas escravizados e de ouro, tiveram de deslocar-se para o Oeste. Esses indígenas atravessaram o rio Araguaia, chegando às regiões de floresta, no sul do Pará.

Por isso, autodenominam-se Mebengokrê (*me*=gente + *be*=ser + *ngô*= água + *kre*=buraco), isto é, gente originária do buraco, isto é, do buraco do céu. É, também, uma referência à origem mítica: gente originária da água, por ter atravessado o rio Araguaia. O nome Kayapó teria sido dado pelo povo Juruna, por causa do corte de cabelo, que lembra o macaco (*ka'i*).

Aldeia Kikretum, no município de São Félix do Xingu (PA). Foto: Renato Trevisan, Arquivo Xaveriano, 1985

Uma das características dos Kayapó é o lábio furado, próprio dos homens, que colocam o botoque, uma rodela de madeira leve, que vai garantir destaque social. Com ela, o líder falará e cantará melhor, segundo eles.

As aldeias são circulares, tradição herdada dos povos do cerrado. É o que afirma Lux Vidal.

> Os Kayapó se consideram parte integrante de um mundo e de um universo circular. (...) O centro do mundo é representado pelo centro do pátio da aldeia, onde se reúne o conselho dos homens, onde se desenvolvem os rituais e a vida pública em geral. (In: NOVAES, Sílvia C., Habitações Indígenas, 1983, p. 90.)

O formato circular estabelece também uma oposição social, pois o centro, onde se encontra o *ngôbe*, a casa dos homens, torna-se o espaço masculino, lugar das reuniões e da confecção do artesanato. Na parte externa desse círculo, ficam as casas familiares, onde a mulher exerce sua autoridade, na educação dos filhos e na elaboração dos alimentos. Nesse espaço convivem as famílias nucleares, relacionadas pelo lado materno, isto é, a mulher idosa, suas filhas, com seus maridos e seus filhos.

Por isso, o menino, ao entrar no mundo dos adultos, entre oito e doze anos, deixa a casa da mãe, indo para o espaço central, libertando-se do poder feminino. Mas, ao se casar, irá para a casa da esposa, voltando de certa forma ao controle feminino. Embora as tarefas e os problemas sejam discutidos na casa dos homens, nenhuma decisão importante ocorre, sem antes ouvir a opinião das mulheres. Assim os opostos se completam.

Não há um cacique geral, A chefia é dividida entre três ou quatro líderes familiares.

A vida desse povo é marcada por muitas festas, por ocasião da colheita do milho, da mandioca, do buriti, ou pela caça de um animal, como a tartaruga, a anta ou o porco do mato. Importância destacada tem a grande pesca ritual, chamada de *ngô-rere-rax*, que ocorre a cada dois anos, envolvendo toda a comunidade. Acontece, geralmente, por ocasião do ritual de passagem dos adolescentes.

A pintura corporal

Os Kayapó destacam-se ainda pela beleza da pintura corporal. É sua roupa e sua escrita. Através dela, comunicam-se com toda a comunidade, transmitindo os sentimentos de alegria, tristeza, dor, agressividade ou posição social e familiar. A pintura revela em qual período da vida uma criança está e os adultos mostram a beleza e sua posição social.

Os desenhos geométricos são de um apurado senso estético. A pintura é sempre feita pela mulher, tanto nas crianças como nos adultos.

Essa "linguagem" tem vários aspectos: a cor, a parte do corpo que é pintada e o formato do desenho. Duas cores são usadas: o vermelho e o preto. O vermelho do urucum é passado no rosto, principalmente em volta da boca e dos olhos, e na parte inferior da perna e nos pés.

O negro, feito com sumo de jenipapo, misturado ao pó de carvão, é passado no tronco, onde estão a energia vital, os órgãos do sentido, da reprodução e, sobretudo, os músculos. É a parte animal que não é controlada pela socialização. É uma pintura simples, como se fosse uma roupa, com faixas grosseiras ou inteiriças.

Há ainda a pintura artística, feita pelas mulheres no próprio rosto e no corpo e rosto das crianças. Para as crianças é uma verdadeira roupa, característica dessa fase infantil.

Ao completar oito anos, os meninos deixarão de receber essa pintura e abandonarão a casa materna, indo morar na casa dos homens. Entretanto, as meninas seguem tendo essa pintura por muito tempo.

Os Kayapó destacam-se pela arte plumária, sendo muito apreciados seus cocares, feitos com bom gosto e combinação de cores. É uma tarefa masculina.

Lideranças Kayapó tiveram um papel importante na Constituinte de 1988, destacando-se o cacique Raoni, que mora no Parque do Xingu. Continua sendo um líder muito respeitado, não só no Brasil, como no exterior. Recentemente fez uma viagem a vários países europeus, para denunciar a destruição da Amazônia por falta de controle dos órgãos governamentais.

Ao lado, menino Kayapó com a pintura tradicional de jenipapo. Foto de Renato Trevisan, Arquivo Xaveriano, 2002. Abaixo, mulher Kayapó fazendo a pintura artística com jenipapo, com delicadeza e concentração. Foto: Angelo Costalonga, Arquivo Xaveriano

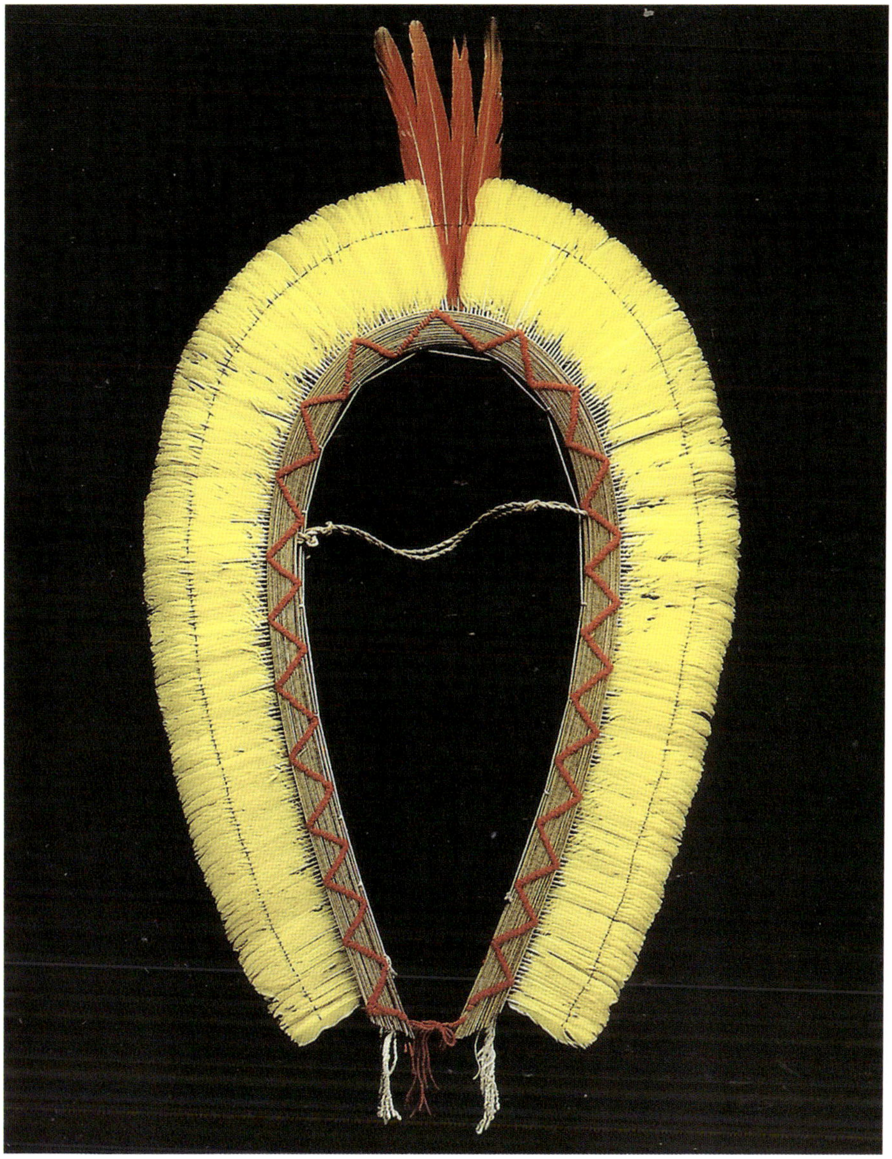

Cocar Me-àkkà-tire, do povo Kayapó, usado exclusivamente na festa de nominação dos meninos. Artefato da Aldeia A'ukre (PA). Foto: Renato Trevisan, Arquivo Xaveriano, 2002

Kaingang, um povo jê do Sul

Outro povo a se conhecer dentro dessa área cultural é o Kaingang. Faz parte do grupo jê meridional, pois, embora originário do Centro-Oeste, migrou para as regiões meridionais do Brasil. Atualmente, os Kaingang estão no oeste de São Paulo, nas regiões centrais do Paraná, e no oeste de Santa Catarina e norte do Rio Grande do Sul.

Tornaram-se conhecido como Guaianá e Coroado. O último nome é uma referência ao hábito que tinham de raspar o alto da cabeça, fazendo uma coroa.

No deslocamento para o Sul, os Kaingang buscaram as regiões cobertas por pinheiros, cujo fruto, o pinhão, tornou-se alimento básico na sua dieta. Embora mais frios, esses lugares tinham caça abundante. Para enfrentar baixas temperaturas, adotaram mantos feitos com fibras de urtiga.

Por manter uma tradição coletora, mudavam-se sempre à procura de alimentos. Suas aldeias eram pequenas, o que facilitava o deslocamento. Em geral, suas moradias eram semelhantes às de outros povos de língua jê, como os Timbira do Tocantins.

Como muitos povos da família jê, são bastante tradicionais. Apesar de longos anos de contato com nossa sociedade, mantêm a língua e o artesanato de cestaria.

Seguindo a tradição jê, as comunidades são divididas em duas metades: Kamé e Kairu, cada uma com dois clãs. Os Kamé apresentam os clãs Kamé e Wonhétky; os Kairu, os clãs Kairu e Votor ou Votoro. Os casamentos ocorrem sempre com pessoas da outra metade. No ritual funerário as pessoas do clã oposto cuidam do morto.

O ritual Kikikoi

Uma das festas mais importantes desse povo está ligada à celebração dos mortos, chamado ritual do kiki ou do kikikoi. Pela pressão da sociedade brasileira, deixaram de realizá-la. Mas, a partir da Terra Indígena Xapecó (SC), o ritual foi retomado.

É uma celebração dedicada aos espíritos dos recém-falecidos, especialmente parentes mais queridos, que continuam próximos, afetivamente. Tal ligação afetiva pode acarretar risco à saúde da família. Dessa forma é um ritual que relembra os mortos, mas que é celebrado para manter a vida saudável. Nessa festa os jovens procuram se encontrar, possibilitando futuros casamentos.

Reza dos Kamé, onde aparecem as mulheres, em volta das sepulturas, realizando um gesto ritual. Foto: Kimiye Tommasino, do livro *Kikikoi*, 2000, p. 29

O nome veio da bebida tomada no ritual. Tradicionalmente, era feita de mel, fermentada num cocho talhado no cedro ou no pinheiro.

O ritual ocorre em três noites espaçadas, quando são acesas fogueiras. A primeira noite é a do primeiro fogo, aceso quando começa o escurecer. Essa noite é liderada pelos "kikiqueiros", pessoas que tiveram algum falecido recente na família. São acesos dois fogos, um dos Kamé, no lado leste e outro, dos Kairu, do lado oeste. Os rezadores Kamé ficam junto à fogueira Kairu e os rezadores Kairu acompanham os serviços cerimoniais na fogueira dos Kamé.

Na segunda noite ocorre o segundo fogo, quando é oferecido o chimarrão. Após este segundo fogo, é derrubado um pinheiro, o *kokei*, que será escavado para preparar o kiki, que será servido no final do terceiro fogo.

Na última noite são acesas seis fogueiras, três para os Kamé e três para os Kairu. Danças e cantos atravessam a noite. O kiki, que já está pronto, é, então, oferecido pelos parentes dos falecidos aos tocadores e dançarinos.

Nesse dia cada grupo pinta sua marca ritual. A celebração termina no cemitério, onde serão colocadas cruzes nos túmulos, já com influência cristã. No final, cortam-se ramos de árvores, com os quais se enfeitam e se escondem, para se protegerem das almas dos mortos. Os ramos simbolizam uma volta à vida.

Retornando à aldeia, é servido novamente o kiki. Ocorre, então, uma dança, misturando as metades, mostrando a união de todos, numa grande confraternização.

A ORIGEM DOS ALIMENTOS

Quando os povos indígenas passaram a plantar, esses alimentos mudaram sua vida. Tornaram-se mais saudáveis e a população aumentou. Por isso, a origem dos alimentos está sempre associada, nos mitos, como algo ensinado ou oferecido por alguma entidade, por um animal poderoso ou por um de seus ancestrais. É o que vemos nessa história da origem do milho e da abóbora, que tanto marcou nossa dieta. Este mito foi narrado por antigos Kaingang do Paraná.

Antigamente, meus antepassados alimentavam-se apenas de frutos e mel. Quando estes faltavam, sofriam fome.

Um velho de cabelos brancos, de nome Nor,[5] ficou com dó deles. Um dia, disse a seus filhos e genros que, com cacetes, fizessem uma roçada nos taquarais e a queimassem. Feito isso, disse aos filhos que o conduzissem no meio do roçado. Ali se sentou e disse aos filhos e genros:

— Tragam cipós grossos.

Tendo trazido os cipós, disse o velho:

— Agora vocês amarrem os cipós a meu pescoço, arrastem-me pela roça em todas as direções. Quando eu estiver morto, enterrem-me no centro dela e vão para o mato por espaço de três luas. Quanto vocês voltarem, passado esse tempo, acharão a roça coberta de frutos que, plantados todos os anos, livrarão vocês da fome.

---

5. No original está *nhara*, mas no kaingang atual a palavra usada é *nor* ou *gor*, o milho.

Adolescentes Xavante com o milho tradicional. Foto: Bartolomeu Giaccaria, do livro *Xavante, reserva de brasilidade*, 1984, p. 8

Eles começaram a chorar, dizendo que tal não fariam.

Mas o velho lhes disse:

— O que ordeno é para o bem de vocês. Se não fizerem o que mando, viverão sofrendo e muitos morrerão de fome. E, além disso, eu estou velho e cansado de viver.

Então, com muito choro e gritos, fizeram o que o velho mandou e foram, depois, para o mato comer frutas.

Passadas as três luas, voltaram e encontraram a roça coberta de uma planta com espigas, que é o milho, além de feijão e morangas.

Quando a roça ficou madura, chamaram todos os parentes e repartiram com eles as sementes. É por essa razão que temos o costume de plantar nossas roças e irmos comer frutas e caçar por três ou quatro luas.

O milho é nosso, aqui de nossa terra. Não foram os brancos que trouxeram da terra deles.

Deram ao milho o nome de Nor, em lembrança do velho que tinha esse nome, e que, com seu sacrifício, o produziu.

Relato mítico ouvido pelo sertanista Telêmaco Borba no Paraná, no final do século XIX. In: BORBA, Telêmaco, *Actualidade Indígena*, Curitiba, 1908, p. 23.

Influência dos povos de língua jê na cultura brasileira

Alguns povos tinham momentos celebrantes relacionados à colheita do milho. Deixaram, com isso, traços na cultura brasileira, como a festa junina, que, apesar das raízes tupis, têm grande projeção em áreas de presença tradicional desses povos, como o Nordeste.

Ao contrário da língua tupi, as línguas jês pouco influenciaram o vocabulário brasileiro. Mas podemos identificar algumas palavras populares que procedem dessas línguas, como fogoió (louro, ruivo), coió (bobo), gororoba (comida sem qualidade), forrobodó (confusão) e forró (música popular do Nordeste), certamente derivada da palavra anterior.

Em Mato Grosso, encontramos alguns topônimos derivados da língua bororo: Cuiabá (*ikuia pá* = lugar de pesca com arpão); Coxipó (*kuge/kudji* = mutum + *pó* = água, rio; rio do mutum); Tadarimana (cará roxo).

No Sul aparecem topônimos originários da língua kaingang, como Goioen (*gôi*= água, rio + *ón/en*= nosso rio), Campo Erê (*erê*= campo, num evidente pleonasmo), Erechim (*erê* = campo + *ign*= pequeno: campo pequeno).

No Nordeste, da língua kariri vieram os topônimos: Buíque (*buike* = irmã caçula), Cabrobó (*kropobó*= guerra, guerrear), Caicó (*Kae-kó*= nome de entidade). Nessa região, há outros topônimos, sobretudo, em nomes de cidades, cujos significados desconhecemos, pois a língua de onde se derivaram desapareceu. São exemplos: Quixelô, Quixeré, Quixadá, Quixeramobim, Orós, Icó e Bendegó.

CONTRIBUIÇÃO DOS POVOS DO SERTÃO PARA A CULTURA BRASILEIRA

Os povos do sertão nos deixaram vários cereais nativos, sobretudo o feijão, preparado com caldo ou como virado, feito com farinha de milho ou de mandioca. Em algumas regiões é cozido com milho, recebendo o africano nome de munguzá.

O amendoim é bem importante para muitos desses povos. Pode ser torrado, cozido ou como paçoca e pé-de-moleque. O pinhão, tão apreciado no Sul, era e ainda é importante alimento do povo Kaingang.

O churrasco, marcante entre os povos indígenas do Sul, tornou-se prato nacional para momentos celebrantivos.

Das frutas de origem indígena encontramos, no Centro-Oeste, o pequi, usado na comida para temperar o arroz e a carne. O caju é muito presente, principalmente no Nordeste, cuja fruta oferece um excelente suco. Sua castanha é referência nacional e internacional.

Para registrar

- Na Lapa do Gentio, em Unaí (MG), foram encontrados potes de cerâmica contendo milho, amendoim, jatobá, coquinhos e cabaça, com idade variando entre três a cinco mil anos.
- O milho, cultivado no México há cerca de seis mil anos, espalhou-se por toda a América e apresenta mais de 250 variedades.
- Em 1998, o grupo musical Sepultura gravou um CD com os Xavante da aldeia Pimentel Barbosa, mostrando uma importante parceria entre a música moderna e a música tradicional indígena.

Para saber mais

- Leia a obra de Leonardo Boff *O Casamento entre o Céu e a Terra*, que é uma coletânea de mitos indígenas, da Editora Salamandra, de 2001.
- Sobre os ritos de passagem, leia o livro de Benedito Prezia *Virando Gente Grande*, rituais indígenas de passagem, da Editora Moderna, de 2017.
- Para conhecer mais o povo Kaingang, há o livro de Juracilda Veiga, *Aspectos fundamentais da Cultura Kaingang*, da Editora Curt Nimuendaju, 2006.
- Sobre os Xavante, assista ao vídeo *Damã Rowaihu'udzé - Para Todo Mundo Ficar Sabendo*. Produção de Aldeia Abelhinha (MT) e Associação Xavante Warã, realização de Anthares Multimeios, 2000. 16 min.
- Embora antigo, vale a pena assistir o filme *Terra dos Índios*, de Zelito Viana, que mostra a antiga luta dos indígenas, a partir de depoimentos de lideranças históricas, como Marçal Guarani e Raoni, Globo Vídeo, 1979.

Referências bibliográficas

AYROSA, Plínio da S. *Diccionario Portuguez-Brasiliano e Brasiliano-Portuguez*. São Paulo: Imprensa Oficial do Estado, 1934.

CASCUDO, Luís da Câmara. *Dicionário do Folclore Brasileiro*. 6ª ed. Belo Horizonte: Itatiaia; São Paulo: Edusp, 1988. (Col. Reconquista do Brasil, 2ª série, v. 151.)

CUNHA, Euclides. *Os Sertões. Campanha de Canudos*. 27ª ed. Brasília: Ed. Universidade de Brasília, 1963. (Col. Biblioteca Básica Brasileira, v. 5).

DRUMOND, Carlos. *Contribuição do Bororo à Toponímia Brasílica*. São Paulo: IEB/USP, 1965.

DUTRA, Carlos A. *Ofaié, o Povo do Mel*. Campo Grande: Cimi, 1991.

GIACCARIA, Bartolomeu; HEIDE, Adalberto. *Xavante, Povo Autêntico*. São Paulo: Editorial Dom Bosco, 1972.

__________. Significado da água na cultura Xavante. *Revista de Antropologia*, USP-Faculdade de Filosofia, Letras e Ciências Humanas, vol. XXI, p. 95-107.

GIANNINI, Isabelle V. Índios Xikrin. *Horizonte Geográfico*, ano 6, n. 27, março/abril, São Paulo, 1993, p. 12-25.

HERRERO, Marina; FERNANDES, Ulysses, *Jogos e Brincadeiras na Cultura Kalapalo*. São Paulo: Edições SESC-SP, 2010.

NOVAES, Sylvia Cayubi (org.) *Habitações Indígenas*. São Paulo: Nobel/ Edusp, 1983.

RIBEIRO, Berta. *O Índio na Cultura Brasileira*. 2. ed. Rio de Janeiro: Revan, 1987.

STRADELLI, Ermano. *Vocabularios da Lingua Geral Portuguez-Nheêngatu e Nheêngatu- Portuguez*, Rio de Janeiro, 1929.

TEMPSKI, Edwino Donato. *Caingângues-Gente do Mato* [Vocabulário]. Curitiba: Imprensa Oficial, 1986.

THEVET, André. *As Singularidades da França Antártica*. Belo Horizonte: Itatiaia; São Paulo: Edusp, 1988. (Col. Reconquista do Brasil, v 45.)

TOMMASINO, Kimiye; REZENDE, Jorgisnei F. Kikikoi. *Ritual dos Kaingang na Área Indígena de Xapecó/SC*. Londrina: Migiograf; Coordenadoria de Extensão à Comunidade-UEL; Conselho Indigenista Missionário, 2000.

URBAN, Greg. A história da cultura brasileira segundo as línguas nativas. In: CUNHA, Manoela Carneiro da. (org.). *História dos Índios no Brasil*. 2ª ed. São Paulo: Companhia das Letras; Fapesp; SCM-Prefeitura de São Paulo, 1998. p. 87-102.

VIDAL, Lux. *Morte e Vida de uma Sociedade Brasileira. Os Kayapó-Xikrin do rio Cateté*. São Paulo: Hucitec; Edusp, 1977.

4. Povos resistentes e indígenas em contexto urbano

O sangue e o sonho dos nossos antepassados permanecem em nós. Percebemos que, apesar de os seus galhos terem sido cortados, seus frutos roubados e até o seu tronco queimado, as suas raízes estão vivas e ninguém pode arrancá-las.

1° Encontro dos Povos Indígenas do Tapajós (PA), dezembro 1999. In: HERNANDEZ, Antonio A., *Porantim*, Brasília, n. 222, jan./fev. 2000, p. 10.

A frase acima, da abertura do *1° Encontro dos Povos Indígenas do Tapajós*, resume a tragédia que se abateu sobre muitos povos no Brasil. Mas, mostra que, com a força dos antepassados, voltaram a se organizar.

Neste capítulo vamos conhecer a realidade de povos que tiveram trajetórias diferentes, marcadas por um passado de violência, de apagamento da memória e de discriminação. São os *povos resistentes* e *os indígenas que vivem em contexto urbano*.

Com a expulsão dos jesuítas e de outras congregações religiosas, em 1759, articulada pelo marquês de Pombal, ministro de dom José I, rei de Portugal, os indígenas que viviam nas missões migraram para as vilas. Perdendo a terra e muitas de suas referências culturais, tornavam-se excluídos e até marginalizados. Para enfrentar essa situação, a grande maioria escondeu sua identidade indígena. A miscigenação étnica muito contribuiu para que perdessem a língua nativa.

Mas, com a mudança da nossa sociedade, ocorrida após a redemocratização em 1985, e com o apoio de entidades indigenistas, após duzentos anos de exclusão, estão voltando a se organizar.

Há mais de quarenta anos existe um movimento de revitalização cultural no Brasil, entre as populações indígenas que foram consideradas extintas. Esse fenômeno se registra não apenas no Pará, como em Minas Gerais, Mato Grosso do Sul, e, sobretudo, no Nordeste.

Ao longo de quinhentos anos, muitos povos indígenas viram sua identidade étnica negada e suas terras tradicionais confiscadas pelo Estado brasileiro.

A revitalização cultural desses povos vem ocorrendo até em estados como Rio Grande do Norte e Piauí, onde não eram identificadas comunidades indígenas. Aos poucos, voltam a recuperar sua história e são reconhecidos pelos povos originários que aqui viviam.

Representantes indígenas do Nordeste, em manifestação no Congresso Nacional, Brasília, durante a discussão do *Estatuto do Índio*, abril de 1992. Foto: Francisca Picanço, Arquivo Cimi

Atualmente, em todo Brasil, há pelo menos 85 etnias chamadas *resistentes*. Historicamente desassistidas pelo governo, essas comunidades passaram a ter mais atenção com a volta do regime democrático, em 1985. Um grande avanço ocorreu nos últimos trinta anos, quando, mais organizados, esses povos passaram a lutar pela recuperação de suas antigas terras e por políticas afirmativas.

De grande importância foi o *2° Encontro dos Povos Indígenas do Tapajós*. Ocorrido em dezembro de 1999, contou com a participação 150 lideranças de 22 comunidades, sob a coordenação do Conselho Indígena do Tapajós e Arapiuns (Cita).

Como afirmou Maria das Graças Tapajós Mota, uma das organizadoras do evento, "celebramos a luta pelo resgate da própria identidade, desatando os nós que, por séculos, ficaram presos nas gargantas e nos corações de todos" (In: CIMI, *Outros 500, construindo uma nova História*, 2001, p. 163).

Os Kambeba, descendentes dos antigos Omágua do Amazonas, voltaram a se manifestar após quase cem anos de silêncio. Igual trajetória tiveram os Kinikinau e os Ofaié, em Mato Grosso do Sul, que, na década de 1960, foram considerados extintos.

No Sul, apesar dos Kaingang terem mantido a língua e muitos traços da cultura, algumas comunidades demoraram a ter sua identidade reconhecida. Foi o caso da Terra Indígena Chimbangue (SC), por causa da forte miscigenação havida no grupo.

Os povos resistentes do Nordeste

O Nordeste foi outra região importante nessa retomada de consciência étnica. Com a expulsão dos jesuítas, a maior parte das missões foi extinta. Sem terras, muitos indígenas continuaram vivendo próximo às antigas missões, trabalhando nas fazendas ou tendo pequenas posses. Para sobreviver, "escondiam" sua origem étnica, embora muitos continuassem sendo chamados de caboclos, um disfarçado reconhecimento de suas raízes indígenas.

Na década de 1930, alguns pesquisadores, como Estevão Pinto, e alguns sacerdotes católicos, como padre Dâmaso, buscaram apoiar essas comunidades. Para surpresa deles, descobriram culturas vivas, como a dos Fulni-ô de Águas Belas e a dos Pankararu de Tacaratu, ambos em Pernambuco. Em 1938, após acompanhar um grupo de pesquisadores da Secretaria de Cultura de São Paulo, Estevão Pinto escreveu um importante relato etnográfico. (PINTO, E. *Rev. do Serviço de Patrimônio Histórico e Artístico Nacional*, 1938, 57-92.) Os pesquisadores paulistas fizeram até um pequeno filme da dança dos Praiá, dos Pankararu, publicando também um informe sobre a viagem. (*A Missão de Pesquisas Folclóricas*, s/d, p. 34-36.)

Praiá da aldeia Brejo dos Padres, Tacaratu (PE) Foto: Estevão Pinto, 1938

No entanto, esse interesse cultural não reverteu em reconhecimento dessas comunidades por parte do Serviço de Proteção ao Índio (SPI), que, com dificuldade, aceitava sua identidade étnica.

Anos depois, mesmo com a Fundação Nacional do Índio (Funai), que em 1968 sucedeu ao SPI, pouco se fez, pois eram considerados indígenas principalmente os que viviam na Amazônia.

Naquele período, sob o regime militar, o governo brasileiro priorizava os projetos desenvolvimentistas e os grandes grupos econômicos, pouco se interessando pelas comunidades tradicionais.

Um levantamento feito no início de 1970 por antropólogos e missionários, apresentava no Nordeste apenas dez povos indígenas, com uma população em torno de dez mil pessoas. (GRÜNBERG, G. 1972, p. 427-433.)

A partir de 1980, com o apoio de entidades civis e religiosas, como o Conselho Indigenista Missionário (Cimi) e a Associação Nacional de Apoio ao Índio (Anaí-BA), essas comunidades começaram a se articular.

Atualmente, no Nordeste, há pelo menos cinquenta povos, com uma população de 232.739 pessoas, segundo o último censo do IBGE. Concentra a segunda maior população indígena do Brasil (Censo de 2010). Este levantamento incluiu o Maranhão e os estados do Rio Grande do Norte e Piauí onde, tradicionalmente, não havia registro de comunidades indígenas.

Esse crescimento é fruto não só do aumento vegetativo da população, mas, sobretudo, consequência de maior consciência étnica. Aquela brasa que estava quase se apagando, voltou a brilhar. Um momento importante dessa luta foi o *Encontro Nacional de Povos em Luta pelo Reconhecimento Étnico e Territorial.* Realizado em Olinda (PE), em maio de 2003, reuniu mais de noventa lideranças de 47 povos indígenas.

Liderança Kaimbé, no 1º Encontro da Comunidade Kaimbé de São Paulo, agosto de 2009. Foto: Vanessa Ramos, Cimi-SP

Como foi declarado no documento final, "a nossa presença vem sendo reafirmada a cada dia, principalmente por nossa capacidade de resistir a toda sorte de agressões e massacres, impostos pelo Estado brasileiro ao longo de mais de quinhentos anos." (*Porantim*, nº 256, jun./jul., 2003, p. 8.) Entre outras reivindicações, esses povos pedem que a Funai elimine a exigência de um laudo de identificação étnica, feito por um antropólogo, e que esse reconhecimento seja elaborado pela própria comunidade. É o que prevê também a *Convenção 169* da Organização Internacional de Trabalho sobre Populações Tradicionais. (OIT, 1989, art. 1, §2.) O documento foi assinado e retificado pelo Brasil.

Alguns grupos tiveram de deixar suas aldeias, por conflitos internos. Foi o caso de um grupo familiar Xukuru-Kariri, de Alagoas, que se mudou para a Bahia e, posteriormente, para Minas Gerais. Atualmente, está no município de Caldas, no Sul de Minas, numa terra cedida pelo governo mineiro.

Além da demarcação de suas terras, atualmente, essas comunidades lutam por melhoria de atendimento à saúde, valorização da medicina tradicional e implantação de escolas diferenciadas, com professores indígenas.

Como disse Nhenety Kariri-Xocó: "Podemos conhecer um arco e flecha, admirá-lo, mas a maneira eficaz de preservá-lo é fabricá-lo e caçar." (GERLIC. S., *Somos Patrimônio*, 2011, p. 5.)

Eis a relação de alguns povos resistentes:

Povo	**Estado**
Arapium	Pará
Atikum	Pernambuco/São Paulo
Charrua	Rio Grande do Sul
Kambeba	Amazonas
Kaimbé	Bahia/São Paulo
Kariri-Xokó	Alagoas/São Paulo
Kinikinau	Mato Grosso do Sul
Kuruaia/Kruaia	Pará/São Paulo
Naua	Acre
Ofaié	Mato Grosso do Sul
Pankararé	Bahia/São Paulo
Pankararu	Pernambuco/São Paulo
Pataxó	Bahia/Minas Gerais
Pataxó-hã-hã-hãe	Bahia/São Paulo
Potiguara	Paraíba/São Paulo
Tapuio	Goiás
Takuara	Pará
Tupinikim	Espírito Santo
Xetá	Paraná
Xukuru do Ororubá	Pernambuco
Xukuru-Kariri	Alagoas/Minas Gerais
Wassu-Cocal	Alagoas/São Paulo

Os Pankararu

Os Pankararu, como tantas outras etnias do Nordeste, viviam no sertão de Pernambuco e nas ilhas do baixo rio São Francisco. Com a invasão holandesa, houve uma expansão dos portugueses não apenas para o interior, onde foram criadas fazendas de gado, como também nas ilhas do rio São Francisco, onde a terra era mais fértil.

Com a expulsão dos holandeses, os indígenas foram levados para as missões das ilhas do rio São Francisco, como Sorobabé, Acará e Beato Serafim, segundo consta em um documento do século XVIII.[6] Era um projeto com aparência religiosa, mas que, na realidade, visava deixar as terras livres para a implantação de novas fazendas.

Com a expulsão dos jesuítas e de outros missionários, no final do século XVIII, os Pankararu – ou Brancararus, como eram conhecidos –, foram levados para Curral dos Bois, não longe do rio São Francisco, ainda na Bahia. O novo local, com o passar do tempo, tornou-se

6. Informação Geral da Capitania de Pernambuco, 1749, ABN, v. 28, p. 419-422. In: ABREU, J. Capistrano de, *Capítulos de História Colonial*, 1963, p. 191.

Gruta do Padre, em Petrolândia (PE), um dos lugares míticos dos Pankararu, submersa pela represa de Itaparica, em 1989. Foto: Gabriela Martin, revista *Ciência Hoje*, n° 56, ago. 1989, p. 51

a vila de Santo Antônio da Glória, que, mais tarde, foi inundada pela represa de Itaparica.

No início do século XIX, houve uma divisão: um grupo continuou em Santo Antônio da Glória e outro foi para Pernambuco. Os últimos foram para a missão dos padres oratorianos. Por isso, esse novo local passou a se chamar Brejo dos Padres. Era um vale cercado de montanhas, próximo a Tacaratu (PE). Segundo antigos indígenas, vários deles eram de etnias diversas e de lugares diversos, como Jeripancó, Serra Negra, Águas Belas, em Pernambuco, e Páteo Real do Colégio, em Alagoas. (PINTO, E., 1938, p. 63.)

Essa trajetória de expulsão do território original e migração para Pernambuco foi relatada de forma mítica por Aldemar Fernandes Barbosa, liderança Pankararu, ao antropólogo Orlando Sampaio Silva, na década de 1970. Assim conta o ocorrido, após a expulsão das ilhas.

> Os Praiá foram primeiro à cachoeira de Paulo Afonso, mas esta já estava ocupada. Então vieram a Itaparica. Era uma época de seca, com falta de alimentos e de fumo. Então eles resolveram se encantar. Eles flecharam o chão de pedras, que se abriu, formando a cachoeira de Itaparica, onde decidiram viver. (In: Outras dimensões dos Pankaru de Pernambuco, Anais do Museu, UFSC, v. 16, 1983, p. 21.)

Antes da inundação da represa, em 1988, arqueólogos conseguiram identificar mais de duzentos sítios arqueológicos nas ilhas e à beira do rio São Francisco, sendo que três abrigos cavados em rocha foram totalmente pesquisados. (MARTIN, G. Dez mil anos de História, *Ciência Hoje*, n° 56, agosto de 1989, p. 51.) Um deles, a Gruta do Padre, deveria ser local sagrado, provável morada mítica dos *Praiá*.

Embora a Lei de Terras, editada no Império, em 1850, reconhecesse as terras indígenas, poucas foram respeitadas. Com o tempo, os aldeamentos do Nordeste foram extintos, sobretudo após a proclamação da República, quando a terra passou ao controle dos estados. Pouco a pouco, os aldeamentos desapareceram, sob a alegação de que não havia mais indígenas. As terras, consideradas "devolutas", voltaram ao controle do governo, que as distribuiu ou vendeu a particulares.

Chefia, língua e tradições

Durante muito tempo a comunidade Pankararu não teve cacique, talvez pela diversidade dos povos que ali viviam, havendo apenas lideranças religiosas, como o pajé e a mãe de terreiro. Foram eles que ajudaram a manter a identidade cultural Pankararu.

No início do século passado, famílias afrodescendentes foram aceitas na comunidade, ocorrendo uma forte miscigenação étnica, e com influência nos rituais religiosos.

Ritual com a presença dos Praiá, no momento da refeição sagrada, com a loiça tradicional. Aldeia Brejo dos Padres, Tacaratu, PE, 2016. Foto de Ana Araujo, do seu livro *As Loiceiras de Tacaratu - A Arte Milenar das Mulheres do Meu Sertão*, (Inst@ fotoanaaraujo)

Somente a partir da década de 1970 um filho da mãe de terreiro passou a exercer a função de cacique. Atualmente, quem ocupa o cargo é eleito pelo conselho da comunidade.

Com a construção da barragem de Itaparica, em meados de 1970, houve também a entrada de muitos posseiros, que haviam perdido suas terras. Ao serem empurrados para a terra indígena, geraram tensão na comunidade.

A área atual apresenta quinze núcleos ou aldeias, com três caciques. Recentemente, houve a separação de um desses núcleos, Entre Serras, que se tornou terra indígena independente.

A mistura étnica foi um complicador, não só social, como também linguístico. As diversas etnias e a repressão cultural da sociedade brasileira asfixiaram a língua indígena do grupo dominante.

Num levantamento feito no final da década de 1990, João Moreno da Silva, um dos antigos Pankararu, lembrava apenas de 77 palavras. Seriam 41 da suposta língua pankararu (tronco macro-jê), e 37 vocábulos da língua tupi. Portanto, cerca de 50% eram palavras tupis, demonstrando a forte influência de falantes do tupi ou de pessoas que viveram em missões onde se falava a língua geral. [7]

A força da tradição indígena manteve-se através de rituais, sobretudo, com a presença dos *Praiá*, entidades protetoras, que formam o "sistema dos Encantados". Estão ligados às famílias de pessoas que recebem a "semente", que é o sinal concreto de uma escolha espiritual. Quem foi agraciado com a semente pode "levan-

7. PICKERING, Wilbur; PETRUCCI, Victor, s/d. http://orbita.starmedia.com/~i.n.d.i.o.s/pancarul.htm, acesso em 23/05/2002.

tar o Praiá", que consiste em mandar fazer a vestimenta da entidade, tornando-se ele o protetor da família. Essas entidades se apresentam nas festas e celebrações da aldeia, como no ritual do *Menino do Rancho* ou no final da *Corrida do umbu*.

O *Menino do Rancho* era um antigo ritual de passagem, de iniciação para o casamento, realizado no início da puberdade. Na ocasião, o pai escolhia a futura esposa do filho, assim como seus padrinhos. No dia da festa, o garoto era levado ao terreiro, sendo atacado pelo *Praiá*, mas defendido pelos padrinhos. Embora desejasse o casamento, a entidade agia como se não o quisesse, talvez numa representação da luta entre forças nocivas e forças protetoras. Depois de muita "correria", o menino é salvo pelos padrinhos e entregue ao pai. No final desse duelo, o pai, o menino e a "noiva" dirigem-se a um rancho, o *poró*, especialmente construído para esta ocasião, terminando aí a celebração. Quando chegasse à idade adequada, poderiam se casar.

Atualmente, o ritual perdeu o antigo significado, tornando-se um rito de agradecimento, isto é, o "pagamento de uma promessa". Esta é feita ao encantado, por ocasião de uma doença ou de algum problema ocorrido com o filho. Com a recuperação da saúde da criança, os pais devem fazer o ritual de agradecimento. Como toda celebração indígena, envolve uma confraternização da comunidade, Havendo as danças e brincadeiras e muita comida.

A *Festa do Umbu* ocorre quando é achado o primeiro umbu maduro, no final de dezembro ou início de janeiro. Quem achou a fruta, avisa o rezador, que convoca a comunidade para realizar o flechamento, que pode ocorrer no mesmo dia ou no dia seguinte. O rezador envolve o umbu num saquinho, que é preso a um pau, para facilitar o flechamento. O ritual termina no terreiro da aldeia com a dança do toré, com a participação dos *Praiá*.

Como disse uma das lideranças, esse rito acontece "para que através de um encanto, os outros umbus fiquem sadios, não apodreçam". (Depoimento de Joaquim José da Silva, in SAMPAIO SILVA, *Anais do Museu*, v. 16, 1983, p. 19.)

O *toré* é um elemento cultural comum a todos os povos indígenas do Nordeste. É uma dança circular tradicional, realizada em festas religiosas ou profanas, sempre acompanhada de cantos típicos, os toantes, e do som do maracá e da flauta, com participação de homens, mulheres e crianças.

Em alguns momentos o *toré* é associado à jurema, bebida sagrada. Como afirmou Antônio Cícero do povo Truká, "no toré a gente trabalha com os encantados de luz, que se chama os mensageiros da Jurema. Nós, sem o toré não somos índio. E, com toré, nós vai onde nós quiser". (GERLIC, S., *Somos Patrimônio*, 2011, p. 26.)

Um dos problemas dos indígenas do Nordeste é a miscigenação decorrente do processo histórico, como se falou atrás. Por isso muitos Pankararu, Fulni-ô, Kamakã, Xokó e Tupinambá revelam uma forte mistura étnica com o negro.

Isso fez com que muitos deles se sentissem discriminados por não terem traços dos indígenas amazônicos. Numa reunião de lideranças em Brasília, durante a Constituinte, em 1988, Nailton Muniz, do povo Pataxó Hã-hã-hãe, falou sobre essa realidade.

> Se somos mais escuros, se temos cabelo enrolado, se temos cabelo no peito, se não temos nossa língua indígena, tudo isso são cicatrizes de quinhentos anos de violência. Apesar de tudo, ainda estamos vivos.[8]

De forma igualmente contundente, Josefa Ferreira da Silva, do povo Xukuru-Kariri, que vive em Caldas (MG), concluiu o pensamento.

> Nós somos índios do jeito que nós somos. Nós somos índios nus, nós somos índios vestidos, nós somos índios dos cabelos lisos, nós somos índios com cabelos cacheados. Nós somos índios tendo os olhos repuxados, carinha gordinha. Nós somos índios com carinha magrinha, com olhinhos redondos. Somos índios do jeito que somos. Ninguém é mais índio de que ninguém. Não tem aldeia que seja mais índio do que outras. Todas aldeias que tiver índio é porque são índios então. A única coisa que a gente pode dizer quando o índio diz que não é índio [é] quando não tem tradição. O índio sem tradição não é índio. (...) Mas tem [que ter] a cultura forte, a tradição forte e o conhecimento e o sangue diferente. Mas roupa, cabelo não faz diferença. Somos índios do jeito que nós somos aqui. Aqui ou em qualquer lugar que nós chegar! (Ap. SILVA, Beatriz S. Currículos e identidades: tiroteio narrado ao som do Maracá, 2017, p. 153.)

Manuel Alexandre Sobrinho, Bino, liderança Pankararu da comunidade do Real Parque, em São Paulo, fruto dessa miscigenação. Foto: Diego Pelizzari, 2007

A volta às origens e a conquista da antiga terra não se deu sem sofrimento. Ficaram pelo caminho várias lideranças, como Francisco de Assis Araújo, Xikão, do povo Xukuru do Ororubá (PE), assassina-

8. Frase ouvida por Benedito Prezia num encontro de lideranças indígenas, em Brasília, em maio de 1988.

XIKÃO VIVE E OS XUKURU CONTINUAM SUA LUTA

Xikão Xukuru, importante liderança que pagou com a vida a luta pela recuperação das terras de seu povo. Foto: Celso Maldos, Arquivo Cimi

Francisco de Assis Araújo, o Xikão Xukuru, teve uma vida parecida como a de muitos indígenas do Nordeste. Nascido em 1950, em Canabrava (PE), passou sua infância na aldeia, nas terras dos Xukuru, então bem reduzidas.

Do antigo aldeamento dos Tapuias Chururus, da freguesia de Ararobá, dirigida pelos padres oratorianos, pouca coisa restava, como se lê na Informação geral de Pernambuco, de 1749. (Ap. ABREU, J. C., 1963, p. 191.) Com a promulgação do Diretório, em 1757, e, com o pretexto de uma política de modernização da colônia, os missionários foram expulsos e o aldeamento tornou-se vila portuguesa, recebendo o nome de Cimbres.

As terras foram invadidas por luso-brasileiros que iam ocupando a região. Nem a participação dos Xukuru na guerra do Paraguai, no século XIX, garantiu o retorno das terras aos indígenas, pois o aldeamento já era considerado extinto. Apenas na festa de Nossa Senhora das Montanhas, que chamavam de Tamain, no dia 2 de julho, havia um espaço para eles. Era "a noite dos caboclos".

A vida da comunidade ficava cada vez mais difícil. Parte da área tornou-se cidade de Pesqueira e parte continuava ocupada por posseiros e fazendeiros poderosos, como os ligados às famílias Brito e Maciel. Por isso, muitos jovens indígenas tiveram de sair da área, como foi o caso de Xikão, que partiu para São Paulo, onde se tornou motorista de caminhão.

Apesar de ser uma profissão que dava dinheiro, era uma atividade muito estressante. Vivendo na Vila Maria, como muitos nordestinos, além do dinheiro, ganhou uma úlcera gástrica. Isto o levou de volta à aldeia, no início dos anos 80, onde passou por uma pajelança feita pelo pajé Zequinha Xukuru, que identificou, além da doença física, uma doença espiritual. Para tratar da úlcera, foi encaminhado para a Santa Casa de Recife. Lá encontrou internados outros indígenas, como João Thomaz, pajé Pankararu, e Antônio Celestino, pajé Xukuru-Kariri, de Alagoas.

do em 20 de maio de 1998. Ou Djalma Lima Souza, torturado e morto em 5 de março de 1988, na terra indígena Pataxó Hã-hã-hãe, no sul da Bahia. Entre tantas vítimas cruéis, aparece Galdino Jesus dos Santos, queimado num ponto de ônibus, em Brasília, em 20 de abril de 1997, quando lutava pelo reconhecimento das terras tradicionais, também do povo Pataxó-Hã-hã-hãe.

Povos indígenas em contexto urbano

Pressionados pela seca e pelas invasões de suas terras, muitos indígenas do Nordeste começaram a migrar para grandes centros urbanos, em busca de atendimento de saúde, melhor educação ou simplesmente para trabalhar e ter maior renda. Esse movimento fez parte de um processo de forte urbanização que se verificou no Brasil a partir da metade da década de 1950, num processo de êxodo de populações rurais para as cidades.

Os indígenas, assim como tantos outros brasileiros, dirigiram-se

O pajé Celestino disse a Xikão que sararia se fizesse uma promessa à Mãe Tamain: entrar na luta pela recuperação da terra Xukuru. No hospital ajudou a reverter a quebra de convênio da Santa Casa com a Funai, por falta de pagamento, mostrando certa liderança. Aos poucos, foi se recuperando e logo teve alta, voltando para a aldeia. Lá chegando, sentiu-se curado, passando a se integrar na luta pela posse das terras.

(...) A primeira retomada ocorreu em Pedra D'Água, em novembro de 1990. Essa área, arrendada ilegalmente por posseiros, era importante, pois ali se encontrava a Pedra Sagrada do Reino de Ororubá, ponto religioso de referência para os Xukuru. Em fevereiro de 1992, retomaram a fazenda Caípe de Baixo, invadida por um fazendeiro, que também era vereador do então PFL.

A tensão aumentava. Como represália, foi assassinado o filho do pajé, a mando do fazendeiro Edvaldo de Farias. Revoltados, os Xukuru incendiaram a sede da fazenda, aproveitando a fuga do fazendeiro. Outras retomadas ocorreram em 1994.

Em meados de 1995 houve nova morte: o assassinato do advogado defensor dos índios, Geraldo Rolim da Mota Filho, Procurador da Funai.

A partir daí, Xikão passou a ser jurado de morte. Alguns dias antes de morrer, num ato contra a violência na região, declarou: "Sou ameaçado de morte e pode ter político atrás disso. (...) Pesqueira tornou-se uma praça de guerra. Estão querendo fazer comigo o mesmo que fizeram com Antônio Conselheiro e com Che Guevara. Se este for meu destino, não vou recuar. Não vou guardar ódio de ninguém." (Depoimento em Xicão Xukuru, TV Viva, 1998.)

Preocupava-se também com a aldeia, apoiando a escola e as festas tradicionais, como relatou nessa mesma gravação: "Nós podemos fazer nossa viagem eterna, mas nossos filhos e nossos netos precisam viver nesta terra, e temos que prepará-los para dar este seguimento" (Id., ib.).

No dia 20 de maio de 1998, quando se encontrava em Pesqueira, Xikão tombou, assassinado pela bala de um pistoleiro pago por fazendeiros da região, que formaram um consórcio para financiar o crime.

Sua mensagem foi retomada pela comunidade, através da forte liderança de Zenilda, sua esposa, e de seu filho Marquinhos, que o sucedeu. O exemplo de Xikão continua inspirando a luta de todos os indígenas do Brasil.

PREZIA, Benedito, *História da Resistência Indígena*, 500 anos de luta, Ed. Expressão Popular, 2017, p. 191-193.

para capitais do Leste e Sudeste, como São Paulo, Rio de Janeiro e Belo Horizonte. Outras cidades, como Manaus, Boa Vista, na região Norte, e Cuiabá e Campo Grande, no Centro-Oeste, receberam indígenas de aldeias da região.

São Paulo foi o destino de muitas etnias do Nordeste, que chegavam com os demais migrantes. Foi o caso dos Pankararu, que, desde a metade década de 1950, deixavam a aldeia Brejo dos Padres (PE). E também de pessoas de etnias como Pankararé, Fulni-ô, Potiguara, Kaimbé, Wassu-Cocal, Xukuru e Atikun, todas do Nordeste. Ainda houve os Terena, que vieram de Mato Grosso do Sul, e os Guarani Nhandeva, procedentes do interior do estado de São Paulo.

O censo do IBGE de 2010 identificou os indígenas que vivem no meio urbano, fora das terras indígenas. Totalizavam 379.534 pessoas, representando um terço da população nativa do Brasil.

Para a antropóloga Lúcia Helena Rangel, da PUC-SP, as populações indígenas, atualmente, não são mais necessariamente vinculadas à aldeia e ao mundo rural: "Não importa onde eles vivam. São indígenas de qualquer maneira, falando ou não a língua, tendo ou

Indígenas no centro de São Paulo, na manifestação por ocasião dos 450 anos da fundação da cidade, vendo em primeiro plano Yaporã, do povo Kariri-Xokó. Foto: Benedito Prezia, 2004

não religião [tradicional], porque os laços de parentesco é que, de fato, conferem a eles vínculos de pertencimento. Eles sabem contar as histórias de seus grupos, [e com eles] têm vínculos." (Ap: CARVALHO, Priscila, *Porantim*, n° 296, jun.-jul. 2007, p. 8.)

A dura vida na cidade

A favela do Real Parque, no sofisticado bairro do Morumbi, em São Paulo, tornou-se um ponto de referência para a comunidade Pankararu, com mais de setenta famílias. Só a partir do final da década de 1990, os indígenas passaram a viver em prédios, construídos pela prefeitura. Embora a favela esteja totalmente urbanizada, com atendimento de saúde específico aos Pankararu, muitos problemas ainda persistem.

Viver na cidade grande não significa renunciar a ser indígena. Mas representa muitas dificuldades. A falta de qualificação profissional, pela maioria, restringe a busca a serviços simples. Os homens empregam-se na construção civil, na limpeza ou como vigilantes, e as mulheres como empregadas domésticas.

Na Grande São Paulo tem havido algumas conquistas de terra, como no município de Guarulhos, onde indígenas das etnias Pankararu, Pankararé, Kaimbé, Pataxó e Tupi-Guarani decidiram ocupar uma área e construir uma aldeia multiétnica. É uma experiência na busca de um espaço cultural próprio, apesar de pequeno. É também uma maneira de manter a cultura viva num difícil contexto urbano.

Em Boa Vista (RR), no final da década de 1980, uma pesquisadora notava que "[as crianças indígenas] sofrem discriminação e são ridicularizados pelos colegas, e às vezes, até pelos próprios professores. Isso ocorre também com aqueles que nasceram na cidade e têm 'cara de caboclo'". (FERRI, Patricia, *Achados ou perdidos?* 1990, p. 48.)

O ritmo da cidade e as exigências trabalhistas também afetam os indígenas, como relatou um Makuxi, em Boa Vista: "O trabalho é difícil. Quando se perde um dia de trabalho, o dono desconta dois. Este mês perdi seis dias de pagamento..." (Ap. FERRI, id., ib., p. 52.)

A transferência para a cidade grande nem sempre garante boa qualidade de vida. Os indígenas estão sujeitos às condições precárias em que vive a maior parte da população pobre.

Prédios do Projeto Cingapura, no Real Parque, em São Paulo, na época em que as famílias começaram a deixar os barracos da favela. Foto: Diego Pelizzari, 2004

Entretanto, os jovens têm conseguido trabalhos mais qualificados e com melhor remuneração. Entre os homens, alguns são eletricistas ou mecânicos e as mulheres já estão se empregando em lojas e escritórios.

Outro problema é o não reconhecimento dessas etnia pelos órgãos públicos, principalmente por não morarem em aldeia. Assim, ficam excluídos das poucas políticas públicas que beneficiam indígenas em aldeias.

Há ainda o conflito de identidade. Quando não vivem mais na aldeia, são cobrados por não apresentarem uma cultura tradicional que ficou distante. Assim se expressou Jaider Esbell, do povo Makuxi, de Roraima, quando lhe pediram para explicar sua cultura.

> Minha cabeça roda, roda, roda... Eu digo: e agora, o que eu vou dizer para essa pessoa? É claro que eles querem saber da tribo, dos ritos, dos chás, das ervas, das curas e dos mistérios. Querem talvez ver o "índio selvagem" e puro. Digo, sim, eles também existem, mas talvez não consigamos chegar lá a tempo. Eles querem ver só o lado bonito da História, os belos corpos pintados e a grande festa. [Mas] não consideram mais indígenas as pessoas com histórias atuais próprias [e em outro contexto].[9]

Em outras regiões há experiências de maior integração com a cidade, como relata Ênio Metelo, Terena, que vive no Conjunto Habitacional Marçal de Souza, em Campo Grande (MS). A construção das moradias desse conjunto foi uma conquista de um grupo de Terena e Guarani Kaiowá. A convivência dessas famílias indígenas gerou um ambiente de certa forma tradicional. Mas não é possível prever até quando.

> Para mim, estou [como] dentro da aldeia. (...) Não muda muito. Muda a casa de alvenaria. Muda a organização, a higiene, outro modo de viver. Mas o que a gente é, está no sangue. (...) Os pequenos são gentis, tomam a bênção. Não é porque está na cidade que vai agir diferente. Eu posso ser o que você é sem deixar de ser o que sou. (In: CARVALHO, Priscila, Porantim, n° 296, jun.-jul. 2007, p. 9.)

9. Depoimento que circulou no grupo de WhatsApp dos alunos do Programa Pindorama, São Paulo, abril de 2018.

Jovens Guarani da aldeia Jaraguá, em manifestação na avenida Paulista, no centro de São Paulo, pela manutenção da ampliação da terra indígena. Foto: Rovena Rosa/Agência Brasil, 2017

Diante dessa realidade e dos atuais desafios, a articulação dos indígenas com os movimentos sociais aparece como condição fundamental para alcançarem maior visibilidade e fortalecimento de suas lutas.

É o que se verifica entre os Guarani, que vivem na Terra Indígena Jaraguá, na capital paulista. Os setecentos indígenas, que moram em uma área de 1,75 hectares – considerada a menor terra indígena do Brasil –, vêm se articulando para que seja reconhecida pelo governo a ampliação desta terra, proposta pela Funai em 2013.

Com muitas manifestações e atos, tanto na cidade de São Paulo como em Brasília, têm conseguido manter a ampliação da área. Um de seus opositores é o governo do estado de São Paulo, que, em 2014, fez um decreto privatizando os parques estaduais. Como a ampliação da Terra Indígena do Jaraguá incide sobre uma parte do parque, houve fortes pressões do governo local contra a permanência dos Guarani nessa nova área.

Articulando essa campanha, já em 2014, um grupo ocupou o Pátio do Colégio, local da antiga missão dos jesuítas, considerado marco inicial da cidade de São Paulo. Um grupo passou a noite ali, lançando na ocasião um manifesto.

> Esta é uma ocupação simbólica e pacífica do Pátio do Colégio. Não queremos de volta esse território, que foi roubado de nós há tanto tempo. Também não queremos atacar esse lugar, embora ele simbolize tanta tristeza e opressão para o nosso povo. Queremos simplesmente chamar a atenção de vocês, dizer que estamos aqui e que precisamos dessa demarcação para viver a nossa cultura nas nossas terras. (...) Depois de sair, lançaremos nossa campanha pela demarcação, bem em frente da primeira construção da cidade de vocês, erguida em cima de uma de nossas aldeias. (...) Tekoa ey're, ndaipoi teko! - Sem terra, não há cultura!". (*Campanha Resistência Guarani em São Paulo* – Pela demarcação das Terras Indígenas Jaraguá e Tenondé Porã, 2014.)

Em algumas capitais, lideranças indígenas têm participado de Conselhos Indígenas, municipais e estaduais, levando a várias secretarias de governo suas reivindicações e problemas. Apesar de pequenos resultados, pressionam e ganham mais visibilidade.

Quanto à educação, tem havido programas de apoio aos jovens indígenas no ensino superior, como as cotas nas universidades federais. Tais iniciativas surgiram em algumas universidades particulares. Destacam-se o *Programa Pindorama*, da Pontifícia Universidade Católica de São Paulo (PUC-SP), iniciado em 2002, e a *Rede de Saberes*, da Universidade Dom Bosco (UCDB), de Campo Grande (MS).

Aos poucos, jovens indígenas têm conseguido formar-se como advogados, médicos, professores, engenheiros, assistentes sociais e administradores. Alguns que estudaram em São Paulo, voltaram para a aldeia de origem, mas muitos continuam na capital, onde está a família e onde há mais possibilidade de trabalho.

Dança do toré, realizada por estudantes e lideranças indígenas na PUC-SP, por ocasião da 8ª. Retomada Indígena, evento do Programa Pindorama, em 2015, vendo em primeiro plano, Ubirajara Pataxó, Alaíde P. Feitosa Pankararé, Pedro da Silva Pankararé e Renato Ângelo Pereira Pankararé. Foto: Lúcia Gianezzini, Cimi

A luta dos Pankararé na Grande São Paulo

Apesar de uma trajetória marcada por exclusão e violência, os Pankararé conseguiram se reerguer e se tornaram uma referência na Grande São Paulo.

Originários do nordeste da Bahia, esses indígenas vivem atualmente no *Brejo do Burgo*, perto do Raso da Catarina, uma das áreas mais secas do Brasil. Por muito tempo não tinham a etnia reconhecida, mas os laços familiares se mantiveram, apesar da miscigenação ocorrida.

Por causa da construção da barragem de Itaparica, muitas famílias não indígenas foram levadas a essa área, gerando conflito.

A Fundação Nacional do Índio (Funai), por um bom tempo, teve uma atuação tímida e até ambígua, não se empenhando para demarcar as terras. Muitas vezes, colocava-se ao lado dos não indígenas.

Na década de 1970, o líder Ângelo Pereira Xavier decidiu organizar a comunidade para expulsar os posseiros e pressionar o governo a fazer a demarcação. Essa posição firme criou um embate entre esses grupos, e resultou na sua morte, em 26 de dezembro de 1979, vítima de uma emboscada.

O crime teve repercussão nacional, pois, na época, a sociedade brasileira lutava pela redemocratização do País, contra a ditadura militar. E a questão indígena era uma importante bandeira pela democracia.

Na fase de maior penúria e tensão na aldeia, muitos Pankararé saíram para trabalhar em outras regiões, sobretudo em São Paulo, onde se empregavam em bares e restaurantes.

A migração continuou e Osasco, município da Grande São Paulo, tornou-se a referência para eles. Atualmente, setenta famílias vivem nessa cidade.

Após anos de reivindicação, com o apoio do Conselho Indigenista Missionário (Cimi), conseguiram suporte da prefeitura. A parceria resultou na formação de um grupo de produção de artesanato e de horta comunitária, visando a geração de renda e a valorização da cultura. Apresentações culturais e venda de artesanato são novos instrumentos de autoafirmação e renda para esse povo.

Grupo de jovens e lideranças Pankararé numa apresentação na Pinacoteca de São Paulo, 2019. Foto do acervo de Alaíde P. Xavier Feitosa

Outra vitória importante em Osasco é a realização, no mês de abril, da Semana dos Povos Indígenas, com o apoio de várias secretarias. São pequenas vitórias, que representam conquistas, conferindo maior visibilidade a esse povo.

Esse trabalho firmou-se graças, sobretudo, à líder Alaíde Pereira Xavier Feitosa, filha do cacique assassinado Ângelo Xavier. Com firmeza, declarou na 5a Semana dos Povos Indígenas de Osasco, em 2011: "Sou guerreira, não tenho vergonha de dizer que sou índia e de usar o cocar. Continuamos lutando por nossos direitos e para que todos os povos sejam respeitados!" (In: Porantim, n. 334, abril 2011, p. 13.)

UMA EXPERIÊNCIA DE ECONOMIA SOLIDÁRIA NA GRANDE SÃO PAULO

Tendo presente a caminhada histórica e as demandas apresentadas por várias etnias que vivem na Grande São Paulo, após um processo de conhecimento e de articulação entre vários povos ligados aos movimentos sociais e aos órgãos públicos, em 2005, uma equipe do Conselho Indigenista Missionário (Cimi) iniciou um movimento a fim de implantar a "economia solidária".

Essa articulação visava uma nova maneira de pensar e conceber a geração de renda, mostrando que as pessoas não devem se mover apenas pela ganância do poder e do lucro, mas articular-se de forma comunitária, para que todos tenham acesso aos bens produzidos.

Em contato com o povo Pankararé, percebeu-se que algumas lideranças demonstravam grande desejo de recuperar suas tradições culturais, sobretudo o artesanato indígena.

Ao sonho e à sabedoria indígena veio juntar-se uma alternativa econômica, graças ao apoio de diversas secretarias da prefeitura de Osasco, surgindo assim um primeiro grupo organizado de Pankararé. As mulheres indígenas tiveram papel fundamental nessa experiência, pois foram elas que tomaram a dianteira dessa iniciativa.

A partir de 2008 formou-se outro grupo integrando o Projeto de Agricultura Urbana, em que várias famílias começaram a plantar verduras com técnicas de agricultura orgânica em terreno cedido pela prefeitura local.

A experiência continua com algumas famílias Pankararé, que tiram vários alimentos dessa horta comunitária, cujo excedente é também vendido.

Beatriz Catarina Maestri

Contribuição dos indígenas do Nordeste à cultura brasileira

Nem sempre percebemos o legado dos indígenas do Nordeste à nossa cultura. Além do feijão, milho, fava e outros cereais próprios da região, na alimentação podemos destacar a tapioca, o cuscuz, a buchada e o sarapatel.

Na música herdamos dos Kariri o trio nordestino, composto pela zabumba (tambor), pífano (flauta) e triângulo, sendo este último uma contribuição africana. Dessa herança musical vieram também o canto solitário do vaqueiro e os ritmos animados do xaxado e do forró.

Zabumba tradicional com indígenas Kaimbé da aldeia Massacará (BA), com o tambor (zabumba) e pífano (flauta tradicional). Foto: Andreia Dantas, 2006

Para registrar

- Em 1972, Darcy Ribeiro elaborou uma lista com 78 povos considerados extintos, sendo que, atualmente, trinta deles continuam vivos e atuantes.
- O sistema de cotas tem possibilitado aos indígenas fazer vários cursos universitários, até mesmo os mais competitivos, como Medicina e Direito. Segundo o censo de 2017 do INEP, 56.750 indígenas estão no curso superior, e vários no mestrado e doutorado.
- Na década de 1990, o Piauí e o Rio Grande do Norte eram considerados estados sem população indígena. No entanto, no último censo, de 2010, foram recenseados no Piauí 2.944 indígenas e no Rio Grande do Norte, 2.597 indígenas.
- Dos povos indígenas do sertão originou-se a figura do sertanejo, cuja descrição foi imortalizada por Euclides da Cunha, numa página antológica do seu livro *Os Sertões*. No início do texto sobre esse personagem, ele afirma: "O sertanejo é, antes de tudo, um forte".

Para saber mais

- Ler o livro *História da resistência indígena, 500 anos de luta*, de Benedito Prezia, da Editora Expressão Popular, de 2017.
- Ver também a obra *Histórias de Índio*, de Daniel Munduruku, da Editora Companhia das Letrinhas, de 2000.
- O livro *Pankararu*, da coleção *Índios na visão dos índios*, e outros títulos dessa série, editado pela Ong Thydêwá.
- Ver o vídeo *As Caravelas passam...*, que apresenta a realidade dos indígenas resistentes do Ceará, do Instituto Nosso Chão, de Fortaleza.
- Assistir também o vídeo *Do São Francisco ao Pinheiros*, que mostra a trajetória dos Pankararu de Pernambuco a São Paulo, realizado por Paula Morgando e João Claudio de Sena, 2007. Contato: www.morgadodl.com.br/pankararu.
- Ver também o vídeo *Xicão Xukuru*, 1998, produzido pelo TV Viva, com apoio do Cimi-Nordeste e do Centro de Cultura Luiz Freire. Acesso: https://www.youtube.com/watch?v=jq-V4RqjG9V0.

Referências bibliográficas

ABREU, João Capistrano de. *Capítulos de História Colonial (1500-1800) & Os Caminhos Antigos e o Povoamento do Brasil*. 5ª ed. Brasilia: Ed. UnB, 1963. (Col. Biblioteca Básica Brasileira, v. 2).

ALMEIDA, Luís Sávio de; e OUTROS. *Resistência, Memória, Etnografia*. Maceió: EDUFAL, 2007. (Coleção Índios do Nordeste, v. 8).

BRASIL. IBGE. Página eletrônica: htpp://www.ibge.gov.br/estatistica/populacao/censo2010/caracteristicas_gerais_indigenas.shtm.

CARVALHO, Priscila Delgado de. Viver na Cidade Grande não é Abrir Mão de Ser Indígena: Índios na Cidade, 2007. Disponível em: <http://www.cartamaior.com.br/templates/materiaMostrar.cfm?materia_id=13968>. Acesso em: 11 set. 2012.

CIMI. *Outros 500: Construindo uma nova História*. São Paulo: Salesiana, 2001.

FERRI, Patrícia. *Achados ou Perdidos? A imigração indígena em Boa Vista*. São Paulo: MLAL, 1990.

GERLIC, Sebastián (org.). *Somos Patrimônio.* Salvador: Thydêwá, 2011. (Col. Índios na visão dos índios)

GRÜNBERG, Georg. *La Situación del Indígena en América del Sur.* Montevideo: Biblioteca Científica, 1972.

HERNANDEZ, Antonio Anaya. Povos do Baixo Tapajós-Arapiuns fazem ritual na virada de ano. Brasília: Cimi, *Porantim*, n. 222, jan.-fev., 2000, p. 10.

LUCHIN, Liliane. "Nem ressurgidos, nem emergentes, somos povos resistentes". *Porantim*, Brasília, Cimi, n. 256, jun./jul., 2003, p. 8-9.

MARTIN, Gabriela. Dez mil anos de História, adeus. *Ciência Hoje*, Rio de Janeiro, v. 10, nº 56, agosto de 1989, p. 49-53.

OLIVEIRA, João Pacheco de (org.). *A Viagem da Volta: Etnicidade, Política e Reelaboração Cultural no Nordeste Indígena*. Rio de Janeiro: Contracapa, 1999.

ORGANIZAÇÃO INTERNACIONAL DO TRABALHO-OIT. *Convenção 169 sobre Povos Indígenas e Tribais em Países Independentes.* Genebra: Organização Internacional do Trabalho, 1989.

PINTO, Estevão. Alguns aspectos da cultura artística dos Pancarús de Tacaratú. *Revista do Serviço de Patrimônio Histórico e Artístico Nacional*, Rio de Janeiro: Ministério de Educação e Saúde, nº 2, 1938, p. 57-92.

SAMPAIO SILVA, Orlando. Outras dimensões dos Pankarú de Pernambuco. *Anais do Museu de Antropologia da UFSC.* Florianópolis, ano XV, nº 16, 1983, p. 18-20.

SILVA, Beatriz Sales da. *Currículos e identidades: Tiroteio Narrado ao Som do Maracá*. Campinas, Unicamp, tese de doutorado, 2017.

TONI, Flávia Camargo. *A missão de pesquisas folclóricas*. São Paulo: Centro Cultural São Paulo, s/d.

5. Crianças, idosos e mulheres em uma cultura de partilha e luta

A origem dos alimentos

Houve um tempo em que ocorreu uma grande fome na região e as pessoas morriam quase todas muito cedo. Entre eles havia uma mulher com muitos filhos, que sempre os mandava para o mato para buscar algo para comer.
Certo dia apareceu-lhes outro menino que não conheciam. Pensando que estivesse ali para disputar com eles o alimento, começaram a brigar, dando-lhe pancadas. Mas à medida que o espancavam, ele fazia cair, sobre os outros, certas raízes que chamam *jetyka*, que são uma espécie de batata [batata-doce], o milho, que chamam de *abati* e outros alimentos, que são como ervilhas e favas [feijão], que chamam de *komandá*.
Vendo que pararam de bater-lhe, pois ficaram espantados com aquele fato milagroso, insistiu junto aos meninos para que continuassem a espancá-lo para que tivessem mais alimentos. Além disso, proibiu-lhes que contassem aquilo às pessoas, nem mesmo à própria mãe.
Com o tempo - contam eles - as pessoas estavam surpresas de vê-los gordos e com boa aparência. Mas não diziam nada a ninguém, obedecendo à ordem recebida.
A mãe, curiosa para saber onde os filhos encontravam tanto alimento, e como se achavam tão bem de saúde, seguiu-os e descobriu o mistério daquele espancamento. E enquanto os filhos dormiam, depois de tanto comer, recolheu o que havia sobrado e o semeou. A partir daquele momento não tiveram mais falta de alimentos naquela região.
E dizem que foi Maíra-Monhã [o herói civilizador Tupi] que, na figura de uma criança e com seu poder, havia suprido as necessidades de seu povo.

Mito tupinambá recolhido por Fr. André Thevet, séc.XVI.

La Cosmographie Universelle. (Tradução de Benedito Prezia. In: PREZIA, B. *Os Tupi de Piratininga:* Acolhida, Resistência e Colaboração. São Paulo: PUC-SP, 2008. p. 391-392.)

Este mito, assim como alguns outros, mostra que as entidades divinas podem se revelar também na fragilidade de uma criança. Por isso, são tão respeitadas, tendo quase igual tratamento que é dado aos jovens, também em formação, mas que têm um papel importante nessas sociedades.

Criança Karajá da aldeia Barra do Tapirapé (MT). A criança indígena é educada com carinho, mas com bastante autonomia. Foto: Benedito Prezia, 1984

Embora cada povo tenha uma maneira de ser e de viver, encontramos elementos comuns entre os vários povos indígenas em relação ao modo de tratar a criança, a mulher e o idoso.

Uma sociedade que respeita e valoriza a criança

Nas comunidades indígenas, a criança é acolhida com muito carinho, sendo bastante amada e respeitada. Desde o nascimento, e mesmo antes dele, a criança recebe a atenção de toda a comunidade, pois todos são responsáveis por sua educação. Essas palavras mostram a razão de Lázaro Vieira, do povo Tukano, que vive no Alto Rio Negro.

> Nossos filhos a gente têm que educar com calma, sem estar gritando com eles. Quando os pais educam com gritos, falando alto, com raiva, a criança já sente. Desde a barriga, na gravidez, já podemos educar o filho. Já vai falando com a criança. Com dois ou três anos, já pode mandar fazer as coisas mais leves e eles já vão assumindo seus trabalhos. (In: CIMI/CNBB, *Por uma Terra sem Males*, Semana dos Povos Indígenas, 2003, p. 2.)

Entre os antigos Tupinambá, por ocasião do parto, competia ao pai fazer o resguardo, ficando em casa. Não podia comer determinados alimentos nem caçar. Para eles, o pai era o único responsável pela geração do filho, sendo o ventre da mãe apenas um recipiente. Ao nascer a criança, o pai, e não a mãe, devia seguir determinadas normas, pois ficava mais vulnerável e, por consequência, a criança podia sofrer algum dano físico ou espiritual. (MÉTRAUX, A. *A religião dos Tupinambás*, 1979, p. 95.)

Em outros povos de cultura tupi, como os Tapirapé, tanto o pai como a mãe ficam na rede ou em casa por vários dias, seguindo também uma dieta alimentar.

Na primeira infância, a mãe e o pai costumam estar muito próximos dos filhos. Entre os Quéchuas e Aimaras do Peru e da Bolívia, a criança é levada nas costas da mãe, numa larga tipoia, mesmo durante os trabalhos na roça, para manter esse contato estreito.

Entre os indígenas no Brasil, quando a mãe não pode estar com o filho pequeno, é o pai ou os irmãos mais velhos que se ocupam da criança. Essa proximidade física é de grande importância para o equilíbrio emocional da criança.

Já crescida, ela é educada para a vida com muita independência, participando das atividades diárias com os adultos. A partir de cinco anos, as meninas já cuidam de seus irmãos menores. Com seis anos os meninos já empunham pequenos arcos e flechas, num aprendizado útil no futuro.

Desde pequenos, as crianças são introduzidas no mundo dos adultos. Crianças Tapirapé, da aldeia Barra do Tapirapé, MT. Foto: Benedito Prezia,1984

Os Kayapó-Xikrin tomam todo o cuidado para a criança não chorar muito. Para eles, se isso ocorrer, acreditam que seu *karon*, isto é, seu espírito, pode se afastar dela.

O espírito precisa estar em harmonia com o corpo. À noite, quando a pessoa dorme, ao sonhar, o espírito sai, indo para outra dimensão. Após esse passeio espiritual, volta ao corpo. Caso não aconteça, pode se instalar uma doença. E, se a ausência for definitiva, será a morte.

As crianças são mais suscetíveis do que os adultos a perder o *karon*. Além de chorarem muito, têm a pele fraca, facilitando essa perda espiritual. As crianças maiores, se ficarem zangadas ou chorarem muito, o espírito, irritado, pode sair e não voltar mais. Por isso, quando uma criança chora, os adultos vão logo consolá-la e distraí-la. (COHN, *A experiência da infância*... In: SILVA e outros, 2002, p. 127.)

A criança é também educada com muita autonomia. É uma sociedade que não reprime e nem tolhe a criança. Como regra geral, ela nunca é castigada e raramente é repreendida. Se a mãe perde a paciência, pode chamar a atenção, mas de forma suave e sempre longe dos demais. A repreensão em público é um grande vexame e, por isso, nunca ocorre.

Ao contrário de nossa sociedade, que privilegia o indivíduo, as comunidades indígenas privilegiam o grupo, seja ele a família ou a aldeia. Isso é muito importante, pois a criança nunca se sentirá só, não havendo entre esses povos "criança abandonada". Ali haverá sempre "criança bem amparada", que encontra apoio na família extensa, formada por avós, tios e primos.

Se, por acaso, os pais se separarem, a criança será criada pelos avós ou por alguma tia, passando a integrar o novo lar como outro filho. Muitas vezes, quando a mãe se separa do marido, casando-se novamente, em vez de perder o pai, o filho ganha um segundo pai, pois o padrasto é sempre muito carinhoso com os filhos da nova esposa.

Jovens *wapté* durante o banho ritual. Aldeia de Sangradouro. Foto: Bartolomeu Giaccaria, do livro *Reserva de Brasilidade*, 1984, p. 8

Rito de passagem masculino

Na adolescência, a preparação por ocasião dos ritos de passagem é um momento privilegiado de formação. Há sempre um adulto que assume o papel de "padrinho". Com ele, os adolescentes vão aprender as histórias do povo, o significado das festas e outras tradições.

Entre os Xavante, que vivem em Mato Grosso, a passagem do menino à vida adulta ocorre entre os doze e quinze anos, quando ele é chamado de *ai'repudu*.

Nessa fase começa a se preparar para entrar na "casa dos iniciados", chamada de *hö* e que fica um pouco distante da aldeia. Esse momento inicia-se com uma festa, que ocorre entre setembro e outubro, quando começam as primeiras colheitas.

A partir do momento em que entram nessa casa vão ser chamados de *wapté*. Por um bom tempo viverão separados da família, sendo orientados pelo padrinho.

Nesse período, antes do nascer do sol, todos os *wapté* são pintados com urucum e, em seguida, vão para o rio, onde passarão todo o dia, numa exaustiva ginástica. Imersos até a cintura, jogam água para a direita e para a esquerda, sempre ritmando o movimento com os pés. É o ritual do *dasiwate* (pronuncia-se *datsi'waté*). De tempos em tempos, param para descansar. Quando o sol está a pino, ao meio-dia, sem sair da água, comem algumas broas de milho, trazidas pelas mães. Após este lanche, retomam o cansativo exercício.

No final da tarde, voltam para sua casa, sendo recebidos pela irmã ou pela prima, que irá pintar suas costas. Este exercício se repetirá durante trinta dias. Em algumas aldeias o ritual foi reduzido para uma semana.

Na última noite, vão dormir fora de casa, sobre uma cama de vara, especialmente construída para essa ocasião. A partir daquele momento deixam de ser *wapté* para tornarem-se *wate'wa*, isto é, "aquele que está se iniciando".

De madrugada, dirigem-se ao rio para o derradeiro banho, que dura menos tempo. No meio da manhã retornam à casa dos pais, onde recebem a borduna, símbolo do guerreiro. Nesse momento, sentados sobre uma esteira, a orelha é furada pelo padrinho, passando então a fazer parte da categoria de adultos.

Rito de passagem feminino

As meninas também passam por uma preparação para a vida adulta e para o casamento quando vem a primeira menstruação. Essa iniciação tem variáveis em cada povo.

Entre os Suruí de Rondônia há a tradição de manter a menina reclusa, na própria casa, colocando-a numa espécie de quarto, feito com esteiras, ou em outra casa, especialmente construída para este fim. A jovem reclusa poderá ficar sozinha ou em companhia de três ou quatro meninas. Crianças e mulheres, que passam perto dessa casa de isolamento, recebem pedidos para suprir suas necessidades. O isolamento é quebrado somente à noite, quando alguém se apresenta para dormir com ela, pois é impensável um indígena dormir sozinho. Excepcionalmente, essa jovem poderá receber a visita de um rapaz para um contato íntimo.

Nesse período a menina é orientada sobre a vida conjugal e os deveres da esposa. Pelo fato de apresentar perda de sangue pela menstruação, alguns alimentos lhe são proibidos, variando com cada povo.

Alguns povos celebram o final da reclusão com uma festa, com a participação de pessoas de outras aldeias, sempre com muita comida e bebida. A celebração da entrada de mais uma pessoa no mundo dos adultos é também motivo de aliança e partilha com os parentes e grupos próximos. Não se pode esquecer que a festa é um sinal de vitalidade cultural.

Idoso, fonte de sabedoria

Outro grupo muito valorizado é o dos idosos. Entre os povos indígenas os idosos sempre são referência e autoridade.

"O papel dos anciãos e anciãs indígenas", como afirma o Cimi, "é lembrar, reviver e recriar, numa dinâmica de reconstruir a história, unindo passado, presente e futuro, recuperando assim o significado das práticas e dos acontecimentos." (In: CIMI-CNBB, *Testemunho de vida e sabedoria*, Semana dos Povos Indígenas, 2003, p. 2.)

Os idosos ajudam a recompor a vida comunitária, dando a unidade entre as várias gerações e alertando para o perigo das novidades e dos valores nocivos da cultura ocidental.

Quando os missionários decidiram criar internatos em Mato Grosso, na década de 1950, para ensinar as crianças Xavante e Bororo, afastando-as das tradições culturais "pagãs", não calcularam a agressão que estavam praticando.

Jerônimo, importante liderança Xavante, da aldeia São Marcos, que marcou muito sua comunidade. Foto: Bartolomeu Giaccaria, do livro *Reserva de Brasilidade*, 1984, p. 8

Lideranças Xavante contam que, quando pequenos, foram levados ao internato da missão. Ali recebiam recados de seus pais, conforme depoimento de uma das lideranças da aldeia Abelhinha (MT). Diziam para não acreditarem "na fala dos padres" e era para voltar para a aldeia, pois eles já estavam ficando doentes de tristeza e tinham medo de morrer antes de lhes ter passado seus ensinamentos. (In: vídeo *Para todo mundo ficar sabendo*, 2000.)

Entre muitos povos indígenas de língua jê, como os Xavante e os Krahô, os homens costumam reunir-se, à noite, no pátio central para comentar os assuntos do dia e ouvir os mais velhos.

Os Guarani Mbyá, que constroem sempre uma casa de reza na aldeia, encontram-se também à noite para as preces e cantos tradicionais. E ainda para ouvir a palavra do pajé, chamado de *xeramoin* (meu avô), isto é, o ancião, aquele que tem a sabedoria.

Isso mostra que entre esses povos, as pessoas mais velhas detêm

CÓDIGO DE CONDUTA

Do outro lado da América, na parte norte do continente, os povos indígenas elaboraram um importante Código de Conduta, cujas regras, feitas pelos anciãos, são uma proposta de vida para o mundo ocidental.

- Levante-se com o sol para orar. Ore sozinho com frequência. O Grande Espírito o escutará, se você ao menos falar com Ele.
- Seja tolerante com aqueles que estão perdidos pelo caminho. A ignorância, o convencimento, a raiva, o ciúme e a avareza originam-se de uma alma perdida. Ore para que eles reencontrem o caminho do Grande Espírito.
- Procure conhecer-se a si mesmo. Não permita que outros façam seu caminho por você. É sua estrada e somente sua! Outros podem andar a seu lado, mas ninguém poderá andar por você.
- Trate os hóspedes de sua casa com muita consideração. Sirva-lhes o melhor alimento, a melhor cama e trate-os com respeito e consideração.
- Não tome o que não é seu, seja de uma pessoa, de sua comunidade, da natureza ou da cultura. Se não lhe foi dado, não é seu.
- Respeite todas as coisas que foram colocadas sobre a Terra, sejam elas pessoas, plantas ou animais. (...)
- As crianças são as sementes do nosso futuro. Plante amor em seus corações e regue com sabedoria e lições de vida. Quando forem grandes, dê-lhes espaço para que continuem crescendo.
- Evite machucar o coração das pessoas. O veneno da dor causada aos outros retornará a você.
- Seja sincero e verdadeiro em todas as situações. A honestidade é o grande teste para a nossa herança do Universo. (...)
- Compartilhe seus bens com os outros e faça-o com amor.

Conselho Tribal da América do Norte[10]

In: GUARANI, E.; PREZIA, B. *A Criação do Mundo e Outras Belas Histórias Indígenas*. São Paulo: Formato, 2011, p. 66.

10. Este Conselho é formado por treze nações: Cherokee, Blackfoot, Lumbee, Comanche, Mohawak, Willou Cree, Plains Cree, Tuscarora, Sicangu, Lakota, Sioux, Crow e Cheyenne do Norte.

os mitos e a trajetória de cada povo, que serão transmitidos de geração em geração. Podemos dizer que são verdadeiras "bibliotecas ambulantes".

De muita sabedoria são as palavras de Davi Kopenawa, conhecido pajé e líder Yanomami:

> Os brancos desenham suas palavras porque seu pensamento é cheio de esquecimento. Há muito tempo guardamos as palavras de nossos antepassados dentro de nós e continuamos passando seus ensinamentos para nossos filhos. (In: Cimi-CNBB, *Testemunho de vida e Sabedoria*, 2003, p. 5.)

A mulher na sociedade indígena

Embora nas comunidades indígenas o papel do homem seja preponderante, a mulher não deixa de ter seu espaço social, tornando-se, algumas vezes, liderança espiritual e até política. Geralmente são as mais idosas que assumem essa função.

Entre os povos de língua jê, as mulheres têm papel de bastante destaque. O espaço delas é a casa familiar, que fica nos limites da aldeia circular. Embora esse local possa ser visto como distante do centro decisório, que é o centro da aldeia e o lugar social dos homens, nunca uma decisão é tomada na comunidade sem antes as ouvir.

Mulher Pataxó da aldeia Dois Irmãos, do município do Prado/Cumuruxatiba (BA), construindo uma casa de barro. Foto: Alexsandro Mesquita Potiguara, 2014

À mulher compete não só a educação dos filhos, como também a confecção do artesanato, sobretudo, com argila, como já foi sinalizado.

Entre alguns povos, como os Xakriabá, que vivem no norte de Minas, há o período chamado de *tempo do barro,* quando são passadas para as novas gerações as técnicas da fabricação de potes, panelas e até a construção das casas, cujas paredes são feitas de barro. Como afirmou Célia Correa ou Mindã Nynthê Xakriabá, esse ensinamento é muito importante, pois "as mãos que moldam um pote ou uma panela de barro trazem um pedaço do território e toda sua sabedoria." (Ap.: FREIRE, J. R. Bessa, *Porantim*, 2018, jun./jul., p. 12.)

Até a construção de uma casa tradicional, com pouca durabilidade, é um momento de aprendizagem. A um estudante de arquitetura, que questionava a precariedade desse tipo de casa e, em contrapartida, oferecia a técnica de uma casa de alvenaria com maior durabilidade, uma líder Xakriabá deu a seguinte resposta.

Não, meu filho. Obrigado, mas isso é perigoso. Se aceito sua oferta, como é que vou ensinar meus filhos e netos a construir? A casa usada se desfaz justamente para que eles observem como se faz uma nova. A casa cai, mas se fica a forma de aprender, a gente levanta outras e é assim que o conhecimento permanece, circula e se renova. (Id., ib.)

Tear kaxinawá, cujo tecido de algodão reproduz o padrão do grafismo tradicional. Foto do álbum *Formas de Humanidade*, do MAE-USP, estampa 9, s/d

Outra atividade artesanal feminina importante é a dos trançados, feitos com fibra da palmeira, tala de buriti, cipó ou lascas de bambu.

O artesanato de palha é mais utilizado pelos povos que vivem em região de cerrado. Já o artesanato de tala e de cipó é feito por povos de região de floresta. As lascas de bambu são usadas principalmente pelos povos das regiões Sudeste e Sul, como Guarani e Kaingang. (RIBEIRO, B. *Dicionário do artesanato indígena*, 1988, p. 79.)

A fiação é também uma tarefa feminina. No semiárido nordestino a mulher utiliza o algodão, o caraguatá e o caroá ou croá, fibra tirada de uma bromélia.

Os tecidos podem ser para conforto pessoal, para a pesca, para o transporte, para vestuário e para adorno. Os indígenas da região amazônica desenvolveram ainda a técnica de tecelagem, construindo teares rústicos.

Os Kaxinawá e Ashaninka, que vivem no Acre, utilizam um tear mais sofisticado, produzindo belos tecidos, resultado da influência dos incas. (RIBEIRO, B., 1994, p. 138-140.)

A pintura corporal, como já vimos, é outro traço importante das culturas indígenas. É uma atividade principalmente feminina. Não só a pintura é importante, como também a preparação da tinta.

É o que relata Célia, do povo Xakriabá (MG): "Consideramos que cada passo no preparo da tinta é tão importante quanto pintar o corpo; tudo faz parte do ritual de se pintar." (Ap. FREIRE, J. R. Bessa, *Porantim*, 2018, jun./jul., p. 12.) E relembra o pajé Vicente, de sua aldeia, que, com muita sabedoria, afirmou: "Não é só a pele que está sendo pintada, mas o próprio espírito." (Id., ib.)

Além das tarefas domésticas, a mulher indígena também tem participação nas lutas comunitárias. É importante lembrar, entre muitos casos, o desempenho delas na recuperação de seus territórios na região Sul.

De destaque foi a trajetória de Aiú, mulher Xokleng, que faleceu aos 98 anos e que vivia na aldeia de Ibirama (SC). Foi ela quem liderou a recuperação das terras indígenas do Alto Vale do Itajaí. Conhecia todos os movimentos que levaram à redução da área indígena, por isso, tinha condições de comandar a retomada.

Numa manhã de abril, após diversas ofensivas por parte de madeireiros, ela decidiu enfrentá-los e buscar o direito de seu povo. Pediu aos netos para armar uma cabana no alto do morro e ali acendeu o fogo para cozinhar o milho que alimentaria o grupo de retomada. Era o sinal para o início do movimento. Unindo a comunidade, Aiú conseguiu que as terras perdidas fossem recuperadas. (In: TREIN, H., *Uma ponte entre mundos*, 2010, p. 131.)

Fen'nó, liderança feminina Kaingangue do Toldo Chimbangue (SC), que muito se empenhou na recuperação da terra de seu povo. Foto: Jussara Peccini, Arquivo Cimi

Podemos também lembrar Fen'nó, mulher Kaingang do Toldo Chimbangue (SC), que teve uma longa e fecunda vida, morrendo com cerca de 110 anos. Lutou pela posse da terra tradicional, em plena ditadura civil-militar. A batalha pela reconquista do Toldo Chimbangue dividiu o país e marcou aquela época, mas conseguiu que a terra fosse demarcada em 1985. Foi a primeira área indígena devolvida a seus antigos ocupantes, depois de ter sido escriturada em nome de não indígenas.

O grande medo da elite sulista era abrir um precedente para que os povos indígenas recuperassem todas as terras tradicionais. Ela foi a grande figura, que, com outros líderes Kaingang, percorreu o Sul, em busca de apoio da nossa sociedade e de seus parentes indígenas. Partiu em 2014, mas deixou um grande exemplo de vida.

Com muita força afirmou: "Nós somos a multiplicação das lutas, como a terra multiplica o cereal plantado. Somos a raiz da esperança." (In: Cimi-CNBB, *Testemunho de vida e sabedoria*, Semana dos Povos Indígenas, 2003, p. 2.)

Maria Tatatxin, Kunhã Karaí, foi a grande referência dos Guarani Mbyá do Espírito Santo. Foto: Paulo Suess, 1982, Arquivo Cimi

Outro exemplo a ser lembrado é o de Maria Tatatxin, do povo Guarani Mbyá. Sua história mostra a importância da força espiritual na cultura dos povos indígenas. Saindo do Paraguai, por volta de 1900, com sua família, passou pela Argentina, chegando ao litoral gaúcho, no Brasil. Ali assumiu a liderança de seu grupo familiar, tornando-se uma *Kunhã Karaí* (mulher rezadeira, mulher pajé), líder espiritual de seu grupo familiar. Começou, então, uma longa peregrinação até o litoral norte de São Paulo. Ali recebeu a revelação de *Nhanderu* (nosso Pai), como contou Aurora da Silva, sua filha: "A terra não é a mesma e, por isso, está difícil encontrar no mato as coisas que a gente precisa para viver." (In: LADEIRA, M. I.; MATTA, P., 2004, p. 14.)

Precisava continuar caminhando até atingir "o fim da terra", que deveria ficar no estado do Espírito Santo. Queria encontrar uma terra boa para seu grupo familiar morar e para poder alcançar, ainda em vida, a *Terra Sem Males,* como ocorreu com alguns pajés Guarani da antiguidade.

Essa terra mítica fica a Leste, depois das "grandes águas", isto é, depois do mar. Ali, as pessoas não envelhecem, não morrem e onde a comida já é oferecida pronta. A busca dessa terra, sobretudo em situação de crise, motivou muitos deslocamentos de grupos Guarani.

Mas em Parati Mirim (RJ) ela recebeu a revelação: "Para ter muita força e coragem, para não sofrer muito com o que ia acontecer: ela não ia mais se encantar porque seus filhos não seguiram sua orientação". E que deveria continuar caminhando até chegar ao Espírito Santo, o "fim da terra." (Id., ib.)

Com sua família passou a buscar essa terra sonhada. Primeiramente, foi à cidade de Santa Cruz (ES). Depois, foi para Aracruz, onde, com seus filhos, construiu a aldeia *Tekoá Porã* (o lugar bonito para se viver). Após um tempo, ela e sua família participaram da luta dos Tupinikim pela retomada das terras.

Isso incomodou o regime militar. Em 1974, para liberar a área para a implantação da indústria Aracruz Celulose, lideranças Tupinikim e familiares de Maria Tatatxin foram transferidos para Minas Gerais, para uma espécie de colônia penal agrícola, a Fazenda Guarani. Em 1979, o grupo conseguiu retornar ao Espírito Santo, onde viveu por mais quinze anos. Essa líder espiritual morreu em 1994, com quase cem anos, deixando a seus filhos e netos muitas lições de vida e de sabedoria.

No Nordeste, vamos encontrar outras mulheres guerreiras.

Bastante fortes foram as palavras de Neusa Pataxó, ditas no evento celebrando a morte de Xikão Xukuru, em 2000: "Tiraram a vida de uma de nossas lideranças, mas nós, mulheres, temos o poder de gerar outras dez." (In: CIMI, *Outros 500, construindo uma nova História*, 2001, p. 203.)

A partir da década de 1990, as mulheres não só participaram mais ativamente nas lutas de seu povo, como também começaram a se organizar.

No início, tiveram uma articulação local, buscando superar problemas na comunidade. Foi exemplar a luta das mulheres Makuxi contra o alcoolismo, que grassava entre os homens da Terra Indígena Raposa-Serra do Sol.[11]

Com o tempo, começaram a realizar encontros regionais, como ocorreu no Leste. Bastante significativo foi o II Encontro das Mulheres Indígenas do Leste, realizado em outubro de 1999, em Belo Horizonte. Com 58 representantes dos povos Tupinikim, Guarani Mbyá, Maxakali, Krenak, Pankararu, Pataxó e Pataxó Hã-hã-hãe, elaboraram importante documento, com diversas propostas.

> Lutar para que a religiosidade de cada povo e de cada aldeia seja respeitada no seu jeito próprio, buscando força nos espíritos, na nossa fé e em nossos rituais; ensinar aos nossos filhos, as tradições, os conhecimentos, o respeito pela natureza; realizar encontros de mulheres nas aldeias e entre os povos; denunciar todo tipo de violência e desrespeito contra mulheres indígenas e participar junto (mulheres e homens) das lutas para a garantia dos nossos direitos. (In:*Porantim*, nº 220, nov. 1999, p. 11.)

Iniciativas regionais têm surgido em outras regiões, como o trabalho de intercâmbio de experiências e depoimentos, promovido pela ONG Thydêwá, no projeto *Pelas Mulheres Indígenas*. O resultado foi condensado num livro lançado em 2015, com o mesmo título.

Entre muitos depoimentos há o de Maria Muniz e Tainá Muniz, do povo Pataxó Há-hã-hãe. Elas relatam a retomada da fazenda Ouri-

11. Essa luta foi registrada no vídeo *Ou vai ou racha! Vinte anos de luta*, realizado em 1998.

nhos, uma das muitas que estavam dentro da Terra Indígena Caramuru-Catarina Paraguaçu, no sul da Bahia.

> Nós, mulheres, fomos fundamentais na retomada [da terra] Pataxó Hã-hã-hãe. O que nós enfrentamos aqui foi uma guerra. Na reconquista da nossa terra, saíamos de nossas casas para o que der e vier. Quando a gente vai para uma retomada a gente não sabe se volta. A gente vai arriscando a vida. (In: THYDÊWÁ, *Pelas mulheres indígenas*, 2015, p. 51, v. 22.)

Importante também tem sido a participação das mulheres Guarani e Kaiowá, de Mato Grosso do Sul, nas lutas pela retomada de seus territórios ancestrais.

Pungentes foram as palavras de Valdelice Veron, filha do cacique Marcos Veron, da aldeia Takuara, assassinado em 2003, ditas num ato de apoio à causa Guarani-Kaiowá, na PUC-SP, em São Paulo, em 2010.

> Nós, professores indígenas estamos sendo perseguidos. Estamos sendo perseguidos porque nós professores indígenas Guarani-Kaiowá estamos começando a escrever a nossa história da nossa forma, do jeito que a gente sabe a nossa história verdadeira. Quando estamos começando a escrever a nossa história estamos sendo mortos. Dois professores nossos foram jogados no rio. (...) A gente não sabe para onde ir, a quem recorrer... (In: CIMI, *As violências contra os povos indígenas em Mato Grosso do Sul*, 2011, p. 30.)

As mulheres continuam se organizando em todo o Brasil, principalmente através de encontros regionais, como o que ocorreu no final de setembro de 2018, na aldeia Guarani do Jaraguá, na cidade de São Paulo. Com o lema *Mulheres Indígenas, Lutar é Resistir*, foram reunidas lideranças femininas não só do estado paulista, como também mulheres de outros países, como Aymara, da Bolívia, e Mapuche, do Chile. No documento final, o grupo apresenta diversas demandas.

Valdelice Veron no ato de apoio à causa Guarani-Kaiowá na PUC-SP, em setembro de 2010. Foto: Luciney Martins, 2010

> Valorização da medicina tradicional e do parto natural; o fortalecimento das parteiras da aldeia; [um posicionamento] contra a esterilização (laqueadura), contra a contracepção química e contra o controle de natalidade promovido pelo Estado. (*Demanda do Encontro das Mulheres Indígenas do Estado de São Paulo*, Coletivo de Mulheres, 2018.)

DIA DA MULHER INDÍGENA

Para dar mais visibilidade aos direitos e às lutas das mulheres indígenas, a ONU consagrou 5 de setembro como o Dia Internacional da Mulher Indígena. A data relembra Bartolina Sisa, liderança feminina quéchua, morta esquartejada pelo poder colonial espanhol ao lado de seu marido Tupac Katari, durante um grande movimento de protesto, em 5 de setembro de 1782 no Alto Peru, atual Bolívia.

Yamurikumã: o dia da independência feminina no Xingu

Os Kamayurá contam que, antigamente, havia a aldeia Yamurikumã. Certo dia os homens saíram para pescar e demoraram muito para voltar. Depois de uma lua, um jovem que não havia ido à pescaria, resolveu ir atrás de seus parentes e descobriu que haviam se transformado em bichos.

Assustado, o jovem voltou à aldeia e contou o que vira a sua mãe. Ela reuniu todas as mulheres e decidiram deixar aquele local, antes que seus maridos retornassem, pois não queriam viver com bichos do mato. As mulheres vestiram os enfeites que só os homens podiam usar e pintaram-se como eles. Começaram a cantar e foram subindo até alcançar a cobertura de suas casas. Aí ficaram cantando e dançando por dois dias.

Depois foram para outras aldeias convidando as mulheres para juntarem-se a elas. As que as seguiram, transformaram-se em espírito, indo para a aldeia celeste, onde estão até hoje.

Para comemorar esse fato, na aldeia dos Kamayurá do Parque do Xingu, no dia do *Yamurikumã*, as mulheres vão para o pátio da aldeia, adornadas com enfeites masculinos, como o *kanitar*, o belo cocar dos homens, com braceletes e colares. Pintam-se também como os homens. Só não tocam jacuí, a flauta sagrada, exclusivamente masculina. Estes, tanto adultos, como jovens e crianças, são "expulsos" das áreas comuns, devendo ficar atrás das casas, sem poder sequer olhar para a festa e nem receber o cauim tradicional. Convidadas, as mulheres de outras aldeias chegam também com seus maridos, mas estes devem ficar isolados, com os outros homens.

Soberanas, realizam no pátio da aldeia lutas corporais e outras brincadeiras. Saboreando comidas tradicionais e curtindo esse momento exclusivo entre elas, ficam até de noitinha, quando termina esse dia de "independência feminina". Depois, todas voltam a seus afazeres e às suas aldeias.

* * *

Na trajetória desse movimento de afirmação das mulheres, uma figura não pode ser esquecida: Maninha Xukuru, do povo Xukuru-Kariri, de Alagoas.

MANINHA, GRANDE GUERREIRA XUKURU-KARIRI

Conheci Maninha Xukuru-Kariri em 1986. Bem jovem, estudava em Recife. (...) Ainda não sabia bem o que fazer, mas mirava forte o exemplo de seu pai, o pajé Antônio Celestino.

Veio a luta pela retomada das terras da Mata da Cafurna, e, com ela, a polícia, o despejo ilegal e violento, as humilhações e ameaças à comunidade. Maninha decidiu, então, que rumo tomar: ficar do lado de seu povo. Meses de frio, de fome e de espera por uma decisão judicial. Com muito sacrifício, a comunidade saiu vitoriosa. A comunidade cresceu. Maninha cresceu. Mas ainda havia tanto a fazer...

Em 1991 surgia a Comissão Leste Nordeste. Oito líderes indígenas, todos homens: Xikão e Zé de Santa Xukuru, Gileno Xokó, Jonas Tupinikim, Caboquinho Potiguara, Naílton, Ninho e Manuelzinho Pataxó Hã-hã-hãe. Maninha, a única liderança mulher na comitiva.

Em 1995 ocorreu a assembleia de criação da Articulação dos Povos Indígenas do Nordeste, Minas e Espírito Santo (Apoinme). Maninha, a única mulher na coordenação. Nas reuniões da Apoinme nas capitais (Maceió, Recife, João Pessoa e Salvador), Maninha era a única mulher em meio às lideranças. Alguns começavam a falar em questão de gênero. Algumas falavam em mulher indígena. Maninha não falava sobre o tema, não ocupava espaço na mídia. Mas agia. Conquistou um lugar de destaque e respeito num ambiente eminentemente masculino. Entre oito lideranças calejadas nos duros embates da luta pela terra. Muitos eram ameaçados de morte por defenderem seus povos. Todos eram líderes respeitados por seus povos.

(...) Nas lutas em defesa de seu povo era obstinada, valente, destemida. Ameaças de morte recebeu muitas. Mas dizia: "Não quero morrer, mas não posso viver fugindo. Vou ficar".

(...) Maninha era assim: guerreira, destemida, disposta aos maiores sacrifícios. Entregou-se de corpo e alma à luta pelos direitos de seu povo, à solidariedade com as lutas dos povos do Nordeste e à construção da Apoinme. Sacrificou seus estudos na universidade, sacrificou seu convívio familiar, sua vida pessoal, por fim, sacrificou sua saúde.

Combateu o bom combate e para sempre viverá. Vai em paz grande guerreira. Vai ao encontro de Quitéria Celestino, de tio Miguel Celestino, do cacique Luzanel Ricardo, do cacique Xikão Xukuru. Outros guerreiros e guerreiras, teus parentes, estão te aguardando com seus maracás.

Rosane Lacerda

Texto publicado por ocasião do falecimento de Maninha Xukuru. In: *Porantim*, Cimi: Brasília, no. 290, nov. 2006, p. 10.

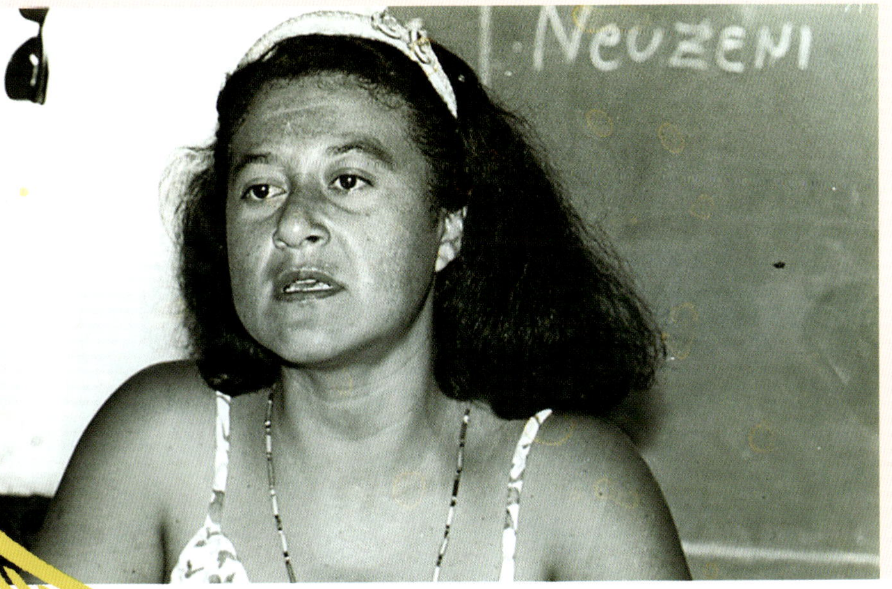

Maninha Xukuru, em reunião de lideranças indígenas em 1985. Foto: Francisca Picanço, Arquivo Cimi

Uma economia de partilha

Os primeiros europeus, ao chegarem ao Brasil, no século XVI, foram surpreendidos com o tipo de sociedade que encontraram entre os indígenas. "Sem propriedade particular, sem dinheiro e sem bens", como escreveu Hans Staden, um alemão que foi prisioneiro dos Tupinambá, no litoral de São Paulo. (STADEN, H., *Duas viagens ao Brasil*, 1974, p. 172.)

O que chamava a atenção não era tanto a ausência de bens duráveis, mas a forma de produzir os bens de consumo e a maneira de partilhá-los.

A maioria desses povos ainda hoje trabalha em roças feitas por famílias. Determinadas tarefas, como construção de casa, caçadas e pescarias, são realizadas de forma coletiva. É o que o povo Tupinambá chamava de *potyron*, e que foi traduzido em português por *mutirão*, sendo até hoje muito usado nos meios populares.

A distribuição do produto da caça e da pesca coletiva contempla sempre toda a comunidade, até os que não participaram dessa ação.

Esses povos criaram uma sociedade sem diferença social, não existindo entre eles pobres ou ricos, na qual tudo é partilhado. Reparte-se não apenas a comida, como também a terra, os utensílios e até a vida pessoal e comunitária.

Quando Elizabeth Amarante, missionária que vive há trinta anos entre o povo Mynky, perguntou a algumas mulheres como poderia falar na língua deles o lema da Semana dos Povos Indígenas proposto pelo Cimi, *Terra é Vida*, surpreendentemente teve como resposta esta frase: *Pa'namahã ipkjanamapi*, cuja tradução é "porque temos mato, podemos morar." (AMARANTE, E. Palavra-vivência dos Mynky, *Porantim*, nº 69, nov. 1984, p. 16.)

Isso a levou a perceber que, no universo cultural do povo Mynky, "viver é conviver". E deixou esta reflexão: "Conviver com a natureza - o mato, a terra, as raízes, os papagaios, que recebem da própria

Partilha da tartaruga (*kaprã*), numa refeição comunitária na aldeia Kikretum (PA). Foto: Renato Trevisan, Arquivo Xaveriano,1985

boca do dono o alimento já mastigado... (...) Não existiria um viver que não fosse 'viver com, viver junto' " (Id., ib.)

A partilha é, seguramente, a grande força desses povos. É o que os mantém unidos.

Apesar do contato com nossa sociedade, que nega esses valores solidários, ainda é forte a consciência de partilha entre eles, como reafirmou Naílton Muniz, do povo Pataxó-Hã-Hã-Hãe, da Bahia, no belo texto intitulado *Temos Alegria em Repartir*.

> Nós somos um pensamento diferenciado da civilização de vocês. Nós não ensinamos nossos filhos a pedir, ensinamos a repartir e a lutar para que não falte a alimentação. Não deixamos nosso povo sofrer, como o governo faz e a sociedade dos brancos aceita que aconteça. Como podem ver suas crianças na rua? Como podem ver as famílias sem terem o que comer, revirando lixo? Nós não deixamos. Nós temos a alegria em repartir. (In: GUARANI, E.; PREZIA, B. *A criação do mundo e outras belas histórias indígenas*, 2018, p. 67.)

Estes valores mostram a importância de conhecermos a cultura e a sabedoria desses povos, que, durante muito tempo, foram chamados de selvagens e atrasados.

Concluindo, não podemos esquecer o apelo da grande líder, Maninha Xukuru, feito por ocasião das comemorações dos quinhentos anos de Brasil.

> Nossos direitos e ideias fazem parte dos projetos de uma sociedade melhor para todos. (...) Nós, oprimidos, vamos corrigir essa história e construir um mundo melhor para os nossos filhos e também para os filhos de quem nos tem oprimido, uma sociedade justa para todos. (In: CIMI, *Outros 500, construindo uma nova História*, 2001, 2ª capa.)

Para registrar

- As mulheres indígenas que viviam na foz do rio Tapajós, no médio Amazonas, no século XVI, eram tão guerreiras que os europeus acreditaram estar diante de novas "Amazonas gregas", levando essa crença a mudar o nome do maior rio do continente. De *rio Paraguassu* passou a se chamar *rio das Amazonas*.
- Entre vários povos indígenas, nenhuma decisão importante é tomada sem antes ouvir os velhos, chamados de *sábios*, e as mulheres, que, apesar de não participarem de forma pública, têm sua opinião considerada.
- Frase de Neusa Pataxó Hã-hã-hãe, da Bahia, por ocasião da morte de Xikão Xukuru: "Tiraram a vida de uma de nossas lideranças, mas nós, mulheres, temos o poder de gerar outras dez".

Para saber mais

- Ler a obra de Aracy Lopes da Silva e outros autores, *Crianças Indígenas*, da Editora Global/ Grupo Mari-USP, 2002.
- Para conhecer os ritos de passagem, ler o livro de Benedito Prezia, *Virando gente grande. Rituais indígenas de passagem*, da Editora Moderna, 2018.
- Buscar, no livro de Benedito Prezia, *História da resistência indígena*, da Editora Expressão Popular, os episódios que trazem relatos de mulheres guerreiras.
- Ver também o livro *Gênero e Povos Indígenas*, organizado por Ângela Sacchi e Márcia Gramkow, publicado pelo Museu do Índio, 2012.
- Assistir ao vídeo *Das Crianças Ikpeng para o Mundo*, feito por adolescentes Ikpeng-Txikão, do Parque do Xingu, num intercâmbio com crianças cubanas, do projeto Vídeo nas Aldeias, 2001.
- Ver também o vídeo *Kiringue. A criança Guarani na cidade de São Paulo*, do grupo Ato Cidadão. (Produção de Bernard van Leer Foundation, 2009.)

Referências bibliográficas

BRIGHENTI, Clóvis A. Fen'nó, uma guerreira. *Porantim*, Brasília: Cimi, n° 363, mar. 2015, p. 15.

CIMI. Outros 500. Construindo uma Nova História. São Paulo: Salesiana, 2001.

__________. Palavra-Vivência dos Myky. *Porantim*. Brasília: Cimi, n° 69, nov. 1984, p. 16.

CIMI-CNBB. *Por uma Terra sem Males*. Folder da Semana dos Povos Indígenas, Brasília, 2002.

__________. *Testemunho de Vida e Sabedoria*. Folder da Semana dos Povos Indígenas, Brasília, 2003.

__________. *Justiça e Profecia a Serviço da Vida dos Povos Indígenas*. Folder dos 40 anos do Cimi. Brasília, 2003.

__________. *As Violências contra os Povos Indígenas em Mato Grosso do Sul e as Resistências do Bem Viver por uma Terra Sem Males.* Brasília: Cimi; Cáritas Brasileira; Solidariedade pela Vida; Manos Unidas, 2011.

CIR-CONSEHO INDÍGENA DE RORAIMA. *Ou Vai ou Racha!. Vinte anos de luta*. São Paulo: Vídeo nas aldeias/CTI, 1998.

COHN, Clarice. Experiência da Infância e o Aprendizado entre os Xikrin. In: SILVA, Aracy L. e outros. *Crianças Indígenas*, 2002, p. 117-149.

COLETIVO DE MULHERES INDÍGENAS. *Demanda do Encontro das Mulheres Indígenas do Estado de São Paulo*, São Paulo, 2018.

COSTA, Maria Heloísa Fenelon. *O Mundo dos Mehinaku e suas Representações Visuais*. Brasília: Ed. UnB; CNPq; Rio de Janeiro: Ed. UFRJ, 1988.

FREIRE, José R. Bessa. Como amansar a escola? O barro, o jenipapo, o giz. *Porantim*, v. 406, jun.-julho, 2018, p. 12.

GUARANI, Emerson; PREZIA, Benedito. *A Criação do Mundo e Outras Belas Histórias Indígenas*. (Mitos e textos de sabedoria e de poesia). 1ª reimpr. São Paulo: Formato, 2018.

LADEIRA, Maria Inês; MATTA, Priscila. *Terras Guarani no Litoral:* As Matas que Foram Reveladas aos Nossos Antigos Avós. São Paulo: CTI, 2004.

LAUDATO, Luís, *Yanomami Pey Këyo*. Brasília: Universa, 1998.

MÉTRAUX, Alfred. *A Religião dos Tupinambás*. 2ª ed. São Paulo: Comp. Ed. Nacional, 1979. (Col. Brasiliana, v. 267).

MINDLIN, Betty. *Nós Paiter*. Os Suruí de Rondônia. Petrópolis: Vozes, 1985.

RIBEIRO, Berta G. As Artes na Vida do Indígena Brasileiro. In: GRUPIONI, Luís Donizete B. (org.), *Índios no Brasil*. Brasília: MEC, 1994, p. 135-144.

__________. *Dicionário do Artesanato Indígena*. Belo Horizonte: Itatiaia; São Paulo: Edusp, 1988. (Col. Reconquista do Brasil, 3ª. série especial, v. 4).

STADEN, Hans. *Duas Viagens ao Brasil*. Belo Horizonte: Itatiaia; São Paulo: Edusp, 1974. (Coleção Redescobrindo o Brasil, v. 17).

THEVET, André. La Cosmographie Universelle. Trad. de Benedito Prezia. In: PREZIA, Benedito. *Os Tupi de Piratininga*: Acolhida, Resistência e Colaboração. São Paulo: PUC-SP, tese de doutorado, 2008, p. 391-392.

THYDÊWÁ. *Pelas Mulheres Indígenas*. Salvador, 2015. (Col. Índio na Visão do Índio).

TREIN, Hans. A (org.). *Uma Ponte entre Mundos*. Missão da IECLB entre indígenas. São Leopoldo: Oikos, 2010.

VIDAL, Lux; SILVA, Aracy L. O sistema de objetos nas sociedades indígenas: arte e cultura material. In: SILVA, Aracy; GRUPIONI, Luís D. (org.). *A Temática Indígena na Escola.* Novos subsídios para professores de 1° e 2° graus. São Paulo: Global-Mari/USP; Brasília: MEC-Unesco, 2011, p. 369-402.

VIDAL, Lux (org.). *Grafismo Indígena*. São Paulo: Studio Nobel-FAPESP-EDUSP, 1992.

6. Os pajés e o mundo espiritual indígena

> A primeira coisa que a gente faz é pedir para Nhanderu [nosso Pai] para fazer qualquer coisa. Para você fazer uma roça ou pra você cortar uma madeira, primeiro você tem que pensar por Nhanderu. Aí [é] ele que faz. Cada mato, capim, quanto mais caça [tiver e] que são seres vivos, eles têm um jeito de conhecer seu deus. Ele tem um deus [um espírito] que protege. Então você tem que pedir permissão para Nhanderu, para Nhanderu conversar com os espíritos de todos os animais, os *Já*, [para] que eles permitam, que dessem as coisas que eles estão precisando, principalmente. Não é assim por sorte que você é caçador, que você sabe caçar, que você sabe como as caças fogem, aonde você encontra... Não é essa técnica que dá valor [êxito da caçada].
>
> Alísio Tupã Mirim, Guarani Mbyá, da Aldeia Tekoá Pyaú. São Paulo. (In: GALANTE, Luciana, *Investigação etnobotânica entre os Guarani Mbyá*, 2011, p. 82-83.)

Os povos indígenas têm grande espiritualidade, que se manifesta de várias maneiras. Compreender suas crenças é uma forma de respeitar esses povos, já que nenhuma crença ou religião deve ser considerada melhor do que outra. Todas são caminhos que levam ao Ser Supremo.

O Deus criador e os demiurgos

Os Guarani Mbyá chamam a Deus pelo nome de Nhanderu, nosso Pai. Foi ele quem dispersou as trevas primordiais com a luz de sua sabedoria (CADOGAN, *La Literatura de los Guaranies*, 1984, p. 51-53). Criou o mundo, colocando-o sobre duas traves cruzadas, que, por sua vez, são apoiadas sobre cinco palmeiras. No dia em que essas palmeiras desabarem, será o fim do mundo material (Id. ib. p. 57-63).

Nosso mundo está sustentado por cinco palmeiras. Quando elas caírem, o mundo se acabará. Foto: CTI, *Guata Porã, Belo Caminhar*, 2015, p. 8

O mundo de agora é apenas uma cópia ou sombra do verdadeiro mundo, que fica no Além. Por isso, todo empenho dos Guarani é alcançar o *Yvy marã'ei*, a Terra sem Mal, onde as pessoas não envelhecem, onde não é preciso trabalhar, onde a caça já vem aos pés do caçador e onde não há sofrimento e nem morte. (SCHADEN, E. *Aspectos fundamentais da cultura Guarani*, 1974, p. 161-165.) Alguns até podem alcançar esse lugar em vida, quando serão encantados e levados para lá.

Os Tupinambá, povo de cultura tupi-guarani, que ocupou grandes áreas da costa brasileira nos séculos XVI e XVII, tinham igualmente a concepção de um Deus criador, chamado Monã ou Monhã. Segundo o cronista que recolheu o mito, seu nome significaria o ancião, o velho (THEVET, [1565], Ap. PREZIA, B. *Os Tupi de Piratininga*, 2008, p. 387). Entretanto, o mais correto seria traduzir por criador, aquele que faz, como mostra a etimologia da palavra *monhang*, da qual derivaria Monhã. (NAVARRO, *Dicionário Tupi*, 2013, p. 307.)

Segundo esse povo, tal entidade criou a terra, os homens e tudo o que existe, exceto a chuva, obra de Tupã, senhor das águas e do trovão. Por causa da maldade dos homens, destruiu essa primeira terra com o fogo. Houve apenas um sobrevivente, da linhagem desse criador, chamado Maíra Monhã. Diante dessa catástrofe, ele implorou a Monhã para que restaurasse a terra. Assim veio uma grande chuva, enviada por Tupã, que apagou o incêndio, surgindo uma nova terra.

Nessa terra apareceu outro personagem mítico importante, Sumé, que teve dois filhos: Tamoindaré ou Tamanduaré[12] e Arikuté. Uma briga entre os dois, fez com que Tamanduaré, ao bater na terra com um troféu de guerra, fizesse surgir uma fonte, que não parou de verter água. Essa água foi inundando tudo até provocar um dilúvio, que destruiu novamente a terra. Salvaram-se apenas esses dois irmãos, com suas esposas, pois conseguiram subir em uma palmeira e em um pé de jenipapo. Deles procedem os atuais indígenas. De Tamanduaré descendem os Tupinambá e, de Arikuté, os Temiminó, que viveram sempre em conflito. (THEVET, ap. PREZIA, id., ib., 2008, p. 389-390.)

Dança ritual dos Tupinambá, tendo ao centro três pajés, com os famosos mantos de penas. Gravura de Theodor de Bry, 1575

Neste relato sobre a origem dos Tupinambá, chamados também de Tamoio (descendentes do avô), aparecem os personagens dessa história primordial tupi: Maíra, Sumé, Tamanduaré e Arikuté. São considerados os grandes *karaíba*, isto é, os demiurgos, aqueles que tiveram a tarefa de terminar a obra da criação.

12. José de Alencar no romance *O Guarani* usou a variante Tamandaré, que entrou para a cultura brasileira.

Os povos de cultura tupi-guarani, como se observa no relato acima, têm a noção de um Deus criador, que "desaparece", depois de criar o mundo. Surgem, então, os demiurgos, que vão acompanhar os humanos na tarefa de povoar a terra e criar uma cultura. Ensinam sobre os alimentos a serem plantados, algumas tradições, como o corte de cabelo, os rituais e festas. Possuem aparência humana, mas são imortais, dotados de grande poder. Muitos vão se tornar os ancestrais de alguns povos, criando uma relação de dependência e proteção, como Tamanduaré, do qual originaram os Tupinambá. (THEVET, ap. PREZIA, id., ib.)

Depois das "grandes águas" está a morada de Maíra: a Terra Boa ou Terra Sem Mal, *Yvy marã e'i*, como a chamam os Guarani. Por isso, quando os europeus aqui chegaram, vindos do mar, com grandes barcos e com aparência estranha – pele clara, barba, roupa e armas que "cuspiam" fogo –, os indígenas acreditaram que só poderiam ter vindo desse outro mundo. Seriam enviados de Maíra e, dessa forma, foram recebidos como demiurgos: os portugueses passaram a ser chamados de *karaíba* e os franceses, de *maíra*[13].

Os brasileiros e europeus, chamados "brancos", em várias regiões da Amazônia, ainda continuaram sendo identificados na língua-geral de *caryuá*, *cariwa*, palavra derivada de *karaíba*. (STRADELLI, E., 1929, p. 403.) No Maranhão, no século XVIII, receberam o nome de *caryba* e o mestiço, *caryboca*. (AYROSA, P., [1795] 1934, p. 218.) Ainda hoje os Guajá/Awá, do Maranhão, de língua tupi, chamam os não-índios de *karaí*. (PORTARI, D., In: *Alvorada*, jan/mar., 2019, p. 4.)

Sumé, confundido pelos missionários com São Tomé, ensinou aos indígenas como usar certas plantas boas, como a mate, segundo uma tradição paraguaia. (LESSA, B. s/d [1958], p. 78.) No Brasil, deve-se a ele a origem da banana da terra (*pakova*), que até hoje em alguns lugares é chamada de *banana São Tomé*. E a cidade mineira de São Tomé das Letras recebeu esse nome por causa das pinturas rupestres ali existentes, atribuídas a Sumé, pelos indígenas e pelos paulistas mestiços. Elas deveriam ser preservadas e, caso fossem destruídas, o mundo poderia acabar-se em fogo. Com o tempo, Sumé transformou-se em São Tomé.

Ainda hoje os Guarani Mbyá guardam nos cantos sagrados a memória do oceano mítico, que é preciso atravessar para se chegar à morada de Nhanderu. É o que diz o canto *Oreru Orembo'e Katu*: "Nosso Pai, ensina como chegar à Sua Morada. Nosso Pai, ensina a travessia para o outro lado do oceano." (CD *Ñande Reko Arandu-Memória viva Guarani*, canto da aldeia Sapucaí, RJ.)

A ideia de uma entidade superior perpassa a maior parte das culturas indígenas. É um ser que está presente em tudo, de forma imanente. Encontra-se em cada elemento da natureza, em cada ser vivo e nos vários momentos do dia.

A antropóloga Betty Mindlin registrou a resposta do líder Davi Yanomami, dada em um encontro sobre produção literária indígena. Ao lhe perguntar de quem era o mito que estava sendo publicado, se do antropólogo que o recolheu ou da comunidade que narrava,

13. Nos documentos da época, os autores franceses grafaram *maír*.

com surpresa ouviu essa resposta: "O mito é de Omamë [o criador do povo Yanomami]"[14].

Entretanto, alguns povos não têm essa ideia de um deus primordial e criador, como é o caso dos Xavante. Nos mitos de origem desse povo o mundo já existia e era marcado pela presença de demiurgos, os *Parinayá*, que vão amparar e proteger os humanos. (MAYBURY-LEWIS, D. *A sociedade Xavante*, 1984, p. 349-351.)

A natureza: lugar sagrado

Pelo depoimento registrado na abertura deste capítulo, vê-se que o mundo espiritual indígena está muito associado ao ambiente natural. Ao contrário de nossa cultura ocidental, para os indígenas, não há separação entre o sagrado e o profano. Tudo é sagrado: a natureza, a vida, a doença e a morte.

Esses povos encaram os seres da natureza como "pessoas morais e sociais", envolvendo-se numa relação de troca, que fundamenta o sentimento e a finalidade, como ocorre quando se mata um animal ou quando se derruba uma árvore. (LADEIRA, M. I., *Espaço geográfico Guarani*, 2008, p. 76.)

Os indígenas da América do Norte também têm essa percepção. Profunda e antológica é a carta que o cacique Seatle enviou ao presidente dos Estados Unidos, no final do século XIX, explicando porque seu povo se recusava a vender suas terras.

> Cada pedaço dessa terra é sagrado para o meu povo. Cada ramo brilhante de um pinheiro, cada punhado de areia nas praias, a penumbra na floresta densa, cada clareira e inseto a zumbir são sagrados na memória de meu povo. Somos parte dessa terra e ela faz parte de nós. As flores perfumadas são nossas irmãs; o cervo, o cavalo, a grande águia são nossos irmãos. Os picos rochosos, os sulcos úmidos nas campinas, os potros com seu corpo quente e o homem, enfim, todos pertencem à mesma família. Essa água brilhante que corre pelos riachos e rios não é apenas água, mas é o sangue de nossos antepassados. O murmúrio das águas é a voz de nossos ancestrais. Os rios são nossos irmãos e saciam nossa sede. (Carta da Terra, ONU, 1980. In: GUARANI, E.; PREZIA, B. *A criação do mundo e outras belas histórias indígenas*, 2018, p. 15.)

Essa união entre o sagrado e o profano faz com que todas as ações se iniciem com uma prece ou com um sinal religioso. Por isso, o Guarani reza antes de entrar na mata para caçar. Reza para pedir a bênção dos grãos que serão plantados. Reza antes de viajar, para chegar bem ao seu destino. Reza antes de fazer uma fala, pedindo que Deus o inspire para dizer palavras certas. Reza para abençoar a erva mate do chimarrão, no início do ano. Enfim, reza sempre e em todo lugar.

Entretanto, diante de um novo contexto social, precisam se adaptar ou continuar buscando esses espaços originais. Essa preocu-

---

14. Depoimento ouvido por Benedito Prezia em palestra feita por Betty Mindlin em São Paulo em 18.04.2012.

pação foi confidenciada por Alísio Guarani: "Antigamente nossa religião tinha contato direto com Deus, porque ele vive na floresta, (...) [mas] hoje nós vemos muito eucalipto e plantas que não são sagradas. Então nossa religião vai ficando fraca por falta da natureza." (Ap: GALANTE, L. *Investigação etnobotânica...,* 2011, p. 124.)

"O murmúrio das águas é a voz de nossos ancestrais". (Cachoeira de Lavras Novas, MG, 2018). Foto: Deivid Junio

Como diz Viveiros de Castro, ao contrário das culturas religiosas de outros continentes, os povos indígenas apresentam religiões muito próximas da natureza e muito austeras do ponto de vista material. "São muito mais religiões da palavra, da experiência onírica [do sonho], do transe. Nesse sentido, são muito mais místicas e muito menos materialistas." (VIVEIROS DE CASTRO, E. *O papel da religião no sistema social*, 1999, p. 24.)

Como foi assinalado na abertura deste capítulo, cada elemento da natureza tem seu dono. Os nomes dessas entidades variam de acordo com o povo. Entre os Tupi, o protetor da mata e dos animais, é chamado Curupira ou Caipora. Mas há o dono de cada elemento da natureza e dos vários animais...

O povo Ofaié, que vive em Mato Grosso do Sul, tem um relato bastante significativo, mostrando a atuação do protetor da queixada.

Os pajés

Os pajés ou xamãs, líderes espirituais, são muito respeitados nas sociedades indígenas por terem qualidades não encontradas nas demais pessoas. A função deles é ser a ligação entre o mundo material, onde vivemos, e o mundo espiritual. Por isso, conseguem realizar curas, conduzir rituais, fazer previsões e aconselhar pessoas.

A figura do pajé pode ser, em alguns casos, ambivalente, ou seja, ao mesmo tempo em que possui atributos positivos, pode exercer ações negativas. Por ter a capacidade de se comunicar com o mundo dos espíritos, ele é dono de um conhecimento e de um poder que os outros membros da comunidade não possuem, agindo como intermediário dos dois mundos.

Entre os indígenas, o medo do feitiço é recorrente e as pessoas se resguardam de várias formas, usando amuletos ou fazendo determinados rituais.

No entanto, são os atributos positivos do pajé os que mais se destacam, sendo, portanto, muito respeitados. Geralmente, a participação masculina no xamanismo é maior, embora existam mulheres pajés, ou *Kunhã Karaí* (mulher rezadeira), como são chamadas pelos Guarani Mbyá.

> Ser peyé [pajé] não é um papel social ou uma profissão, mas uma qualidade ou atributo de todo adulto, que poder se mais ou menos desenvolvido. Alguns homens realizam esse potencial mais plenamente que outros e são estes que são conhecidos como peyé [pajé]." (VIVEIROS DE CASTRO, *O papel da religião no sistema social*, 1992, p. 139.)

O DONO DA CAÇA

Tinha um homem, era muito caçador, não arrespeitava nada. Um dia ele deu num bando de queixada. Ah! O homem já ficou louco, atirou isto-e-mais queixada.

Saía correndo atrás duma que ele feriu, mas via outra, já largava aquela, e ia perseguir a outra. O homem ficou louco de tanta queixada, queria matar tudo, mas não pegava nenhuma, corria atrás duma atravessada de flecha. Mas logo largava aquela, e já atropelava outra.

De repente, ele assustou grande, tava ali na frente dele um bicho, mas era um bicho mesmo desconforme, não tinha cara, era só aquela boca sem tamanho, cheia de cada dente de fazer medo.

O homem caiu de quatro no chão, tremendo que nem não podia mais. Aí o bicho falava pra ele:

— Agora nós vamos conversar, vamos ter uma conversa mesmo que é pr'ocê aprender a não andar maltratando os bichinhos. O senhor fez muito mal feito: pois olha que porcaria está arranjando. O senhor pensa que estes bichinhos não têm dono, que andam soltos aí no mato à toa? Não é assim, não. Isto é minha porcadinha. Como é que o senhor vem estragar eles assim? Tá vendo este bando todo? Pois eu tou carregando pr'aquela aguada ali, vou dar água aos meus bichinhos. Como é que o senhor faz um mal feito destes? Persegue meus bichinhos, atropela e só pra machucar. Agora olha o serviço que o senhor fez, eu vou ter um trabalhão danado pra curar meus porquinhos. Encheu tudo de bicheira e à toa. O senhor anda muito errado, assim tá muito mal pro senhor. Escuta lá, quando o senhor quiser comer uma carninha não tem que fazer isto não, não carece tá estragando meus bichinhos. O senhor quando quiser é só falar: "Oh! Meu pai, eu quero comer uma carninha hoje, tem dó de nós, meu pai, tou querendo comer uma carne hoje". Aí o senhor acha uma carninha fácil p'ro senhor comer. Mas não faz mais assim, não, isto é muito ruim p'ro senhor mesmo. Agora pode ir embora, vai p'ra sua casa. É. Estas queixadas têm uma coisa, têm o dono delas. A gente só tem que atirar pra acertar, não pode machucar o bicho não, faz mal... Aí aquele dono falou p'ro homem assim:

— Também não tem que está estragando assim não. Só atira no que for ocupar, mais não pode acertar [à toa].

Relato de José Ké-tê, do povo Ofaié (MS).

Mito recolhido por Darcy Ribeiro em 1948. In: GUARANI, Emerson; PREZIA, Benedito. *A criação do mundo e outras belas histórias indígenas*. São Paulo: Formato, 2018, p. 31.

Os pajés, chamados de caciques entre os Guarani-Kaiowá, são a grande referência desse povo. (Pajés Kaiowá durante a Aty Guasu em Lagoa Rica, Douradina (MS), 2008. Foto: Egon Heck, Arquivo Cimi

Certas pessoas já nascem com essa sensibilidade e podem se aperfeiçoar com o tempo. Conforme o relato do pajé Guarani Jejokó: "Quando eu nasci já veio a sabedoria, já veio o entendimento para mim. Então não pode comer arroz, feijão, carne e nada oleoso. Só uma alimentação bem leve, para ficar do lado de Nhanderu." (In: GALANTE, *Investigação etnobotânica...*, 2011, p. 90.)

Certos sonhos, que voltam com frequência, podem indicar que alguém foi escolhido para pajé. Alguma experiência espiritual no início da juventude, poderá também revelar essa função na vida adulta.

Durante os rituais, os pajés usam instrumentos que os ajudam a se comunicar com os seres sobrenaturais. Entre os Guarani Mbyá é utilizado o maracá (*mbaraká*), o cachimbo (*petynguá*) e o fumo natural (petyn)[15]. Há ainda os cantos sagrados (*poraí*) e as danças (*jeroky*) que, sob o ritmo do maracá, favorecem a comunicação com as entidades.

O fumo é considerado pelos Guarani Mbyá um presente de Jakairá, entidade responsável pela alma do novo ser, quando nasce a criança. É uma das três grandes entidades do mundo espiritual guarani. A fumaça do fumo é importante elemento para se defender dos males existentes nessa terra, considerada imperfeita. Assemelha-se à neblina, elemento identificador de Jakairá e, através dela, a pessoa consegue comunicar-se com o mundo espiritual. A fumaça do cachimbo, usada na defumação da casa de reza, *opy*, antes dos rituais, é uma maneira de purificá-la.

Os Guarani também utilizam o mate (*ka'a*) durante suas rezas. É uma planta importante e, segundo creem, é responsável por facilitar

15. Leia-se *petünguá* e *petün*. O y tem um som gutural.

A erva mate tem importante papel na cultura guarani. Foto: Leandro Kibisz/Wikicommons

a comunicação com o além. Auxilia ainda a elaborar os discursos proferidos na casa de reza e nos encontros formativos.

Num ritual de cura guarani a fumaça do cachimbo tem importante papel, bem como a fricção do corpo. A materialização da doença, no ritual xamânico, é um momento importante, pois representa a retirada da enfermidade, estigmatizada numa pedra, num graveto ou em qualquer objeto que estaria dentro do enfermo. Para os indígenas, embora as doenças sejam geralmente de origem espiritual, elas precisam ser materializadas e "retiradas" do corpo do doente no ritual da cura.

Uma das funções do pajé, especialmente entre o povo Guarani, é a nominação de uma criança. Ele irá reconhecer e nominar a alma que foi designada para aquela criança. Assim, não são os pais que escolhem o nome guarani, mas é o pajé que irá descobrir o nome que foi dado pelas entidades (NIMUENDAJU, *As lendas da criação e destruição do mundo*, 1987, p. 29-30).

Alguns indígenas, sentindo-se escolhidos para ser pajé, relutam em aceitá-lo, por saber que é uma função difícil e até perigosa. Além de ser tarefa muito exigente, podem ser acusados de feitiçaria, em caso de doença de difícil cura ou morte não explicada.

Entre os Kayapó há duas categorias de pajés: os *Me kutê pidjà mari*, que conhecem as plantas medicinais, como nossos médicos, e os *Wajangá*, especialistas em tratar com os espíritos. Compete a ele "evitar que o espírito das pessoas fique longe de seu corpo, reconhecer o espírito ruim que o invadiu, expulsá-lo e ajudar o espírito original a retornar ao seu corpo. (In: SCT/CNPq, M. E. Goeldi, *Ciência Kayapó*, 1992, p. 32.)

Como para outros povos indígenas, para os Kayapó o ser humano é composto pelo *ká*, que é o corpo (a casca), e pelo *karon*, que é o espírito. Quando uma pessoa fica doente, em geral, esses indígenas procuram logo o pajé conhecedor das plantas, pois a origem da doença pode ser uma picada de inseto ou de um animal peçonhento, uma comida estragada e talvez um desequilíbrio emocional. O tratamento inicial é feito usando a vasta flora medicinal que conhecem. Segundo o antropólogo Darrell Posey, que fez importante pesquisa nessa área, esses "sábios da floresta" chegam a identificar cinquenta tipos de diarreia, sendo que cada uma é tratada com uma planta específica. (Id., ib., p. 33.)

A utilização de plantas nos transes místicos e nos processos de cura é bastante usual entre as comunidades indígenas. Na Amazônia, no Alto Rio Negro, o povo Tukano utiliza o *epadu*, que é a coca. No Acre, algumas comunidades, como os Kaxinawá, utilizam a *ayahuasca*, bebida feita com a mistura do cipó caapi e com folhas da chacrona, plantas regionais. A mistura permite que o xamã entre em contato com o mundo dos espíritos, orientando o ritual e uma possível cura.

Entre os indígenas do Nordeste, os pajés e cantadores utilizam o maracá e a *jurema*, bebida alucinógena feita com a raiz dessa planta. Tawanã, do povo Kariri-Xocó, explica melhor.

Jurema preta, nativa da caatinga, de cuja raiz se faz uma bebida que se usa nos rituais dos indígenas no Nordeste. Foto: Divulgação

> Ela faz um processo muito forte. Com o poder dos cantos, das danças e do chamamento do protetor ou da protetora ela se torna mais forte e a pessoa que está conduzindo tem que ter o domínio e pedir a Deus e à própria natureza para dominar e [para] as pessoas se curarem daquilo que está fazendo mal a elas. (In: GERLIC, Sebastián, *Somos Patrimônio*, 2011, p. 24.)

O povo Fulni-ô, de Pernambuco, apesar de trezentos anos de contato com nossa sociedade, uma vez por ano deixa a aldeia, que está praticamente dentro da cidade de Águas Belas, para ir para "o mato", numa aldeia sagrada, onde realiza seus rituais e onde se reabastece espiritual e culturalmente. Este local recebeu o nome de Ouricuri, certamente pelo fato de as antigas casas serem feitas com as folhas dessa palmeira. O "segredo" é um ponto fundamental desse momento: é proibida a entrada de não indígenas e ninguém pode saber o que ali é praticado. (PREZIA, B. A resistência de um povo. *Porantim*, v. 116, mar. 1989, Supl. Cultural 1, p. 2.)

O pajé torna-se a figura principal nesse período, quando a religião e a cultura se revitalizam, incluindo a língua iatê, importante herança ancestral. Os Fulni-ô mantêm essa língua como algo precioso, pois é o único povo do Nordeste que conservou o idioma nativo.

As almas

Os povos Tupi, em geral, e os Guarani, em particular, acreditam em três almas: a *espiritual*, responsável pelas boas inclinações, localizada na cabeça; a *animal* ou material, da qual derivam o temperamento e as más inclinações, localizada no peito ou na garganta; e a *sombra*. Assim, uma pessoa irascível tem a alma de onça; alguém brincalhão, a alma de macaco; alguém delicado, a alma de beija-flor. (MELIÀ, *A experiência religiosa Guarani*, 1989, p. 310-311.)

A alma espiritual, *ang*, não morre e, após a morte do indivíduo, ela inicia uma longa jornada para chegar à Terra Boa ou *Terra sem Mal*, conforme creem os Guarani. Por isso, muitos povos costumam colocar na sepultura comida e água para que essa alma tenha os alimentos necessários para essa viagem espiritual. Arco, flecha e maracá são também colocados para que o morto enfrente os poderosos animais espirituais. Caso esses alimentos não sejam colocados na sepultura, a alma pode requisitá-los dos vivos, incomodando-os.

Quanto à alma material, com a morte da pessoa, ela se torna *anguera*, isto é, "a que foi alma", e vaga perto da aldeia ou no cemitério, onde o corpo está enterrado, até que se decomponha. Para não serem assediados por esse espírito, muitos Guarani evitam passar perto desses lugares. Esta noção de "alma material", que demora um tempo para deixar o lugar, foi herdada pela cultura brasileira, onde recebe o nome de "alma penada". Daí vêm as histórias de "assombração" e de "almas penadas", em várias regiões do Brasil.

A sombra é a terceira alma e uma espécie de proteção material. Por isso, ao meio-dia, com o sol a pino, quando a sombra de certa forma desaparece, a pessoa fica mais vulnerável e não deve sair de casa para não se expor a algum malefício.

Os indígenas valorizaram muito o sonho. Para eles, é parte da realidade, não havendo distinção entre esses dois níveis. Foi o que observou o frei capuchinho Thevet já no século XVI: "[os Tupinambá] se sonham que irão derrotar algum inimigo ou que por ele serão derrotados, passam a acreditar nisto." (*As Singularidades da França Antártica*, 1978 [1556], p. 115.)

O povo Xavante também dá muita importância a este estado onírico, sendo ainda momento de inspiração de seus cantos. É o que relata Giaccaria: "Se um moço 'dormindo' escuta um canto, não consegue dormir no restante da noite porque vai repetindo o que 'ouviu', para depois poder ensiná-lo aos outros." (In: *Xavante, povo autêntico*, 1975, p. 9.)

Uma obra de referência da cultura xavante é o livro *Jerônimo Xavante sonha* (1975), que reúne mais de uma centena de sonhos do grande líder Jerônimo. Quando um Xavante não está bem consigo, ele deixa de sonhar.

O canto é outro elemento importante nessas culturas. Para os Guarani, e para muitos povos, todo canto é sagrado, fruto de uma inspiração divina, recebido geralmente através do sonho. (NIMUENDAJU, C. *As Lendas da Criação e Destruição do Mundo*, 1997, p. 77.)

Tradicionalmente, para esse povo não havia canto profano. O canto, acompanhado com o violão (*maraka*) e com o violino de duas cordas (*ravé*), é parte fundamental dos rituais dos Guarani Mbyá, que ocorrem especialmente na *opy*, a casa de reza. Lá, as mulheres seguem os cantos batendo no solo o *takuapu*, bastão de bambu que emite um som abafado.

Em outras etnias, observamos os cantos profanos, como os de ninar e cantos de lazer. Atualmente, pela influência de nossa sociedade, algumas aldeias começaram a gravá-los em CDs. A comercialização desses cantos é feita sob protesto de lideranças antigas. Mais recentemente, com a nova geração, tem surgido o *rap*, uma forma musical diferente e moderna de levar os anseios e protestos de alguns jovens, como fazem os *Brô MC's* de aldeias de Dourados (MS) ou *Werá MC* da aldeia do Jaraguá, na cidade de São Paulo.

Tristeza, medo e alegria no ritual funerário

A morte sempre foi perturbadora para os povos indígenas. Entre os Yanomami não se pode mencionar o nome de quem morreu e nem ver a foto da época em que vivia.

Entre os Guarani, o morto é enterrado longe da aldeia, num cemitério próprio. Toma-se esse cuidado, pois, se a pessoa tiver sido má ou quando os pais não conseguiram realizar determinados rituais ao nascer, a criança poderá transformar-se em animal, como *xivi* (onça), *juí* (sapo) ou *mboi* (cobra), atacando os humanos. (GALANTE, L., *Investigação etnobotânica*, 2011, p. 88.) Por isso, é importante seguir sempre a tradição desde o nascimento (Id., ib.).

Outros povos, como os Krahô, de língua jê, do norte do Tocantins, por ocasião da morte de alguém, conservam um tempo de luto que pode durar até um ano e meio. Durante esse período, os pais e parentes próximos não se pintam nos eventos da comunidade e nem fazem o corte tradicional do cabelo.

Esse povo não tem cemitérios, como outras etnias, e os corpos são enterrados fora da aldeia e sem identificação alguma. Apenas as crianças têm covas perto das casas, pois seus espíritos são inofensivos. Mas a sepultura só é lembrada até o dia em que se realiza o ritual do final do luto. Depois disso, o local não é mais lembrado, pois, na concepção religiosa krahô, o nosso mundo é o mundo dos vivos. O mundo dos mortos ninguém sabe como é e, por isso, não se deve dar importância a ele. O morto é lembrado esporadicamente apenas pelo pajé ou por um cantador ritual.

O missionário Valber Kontxä escreveu sobre esse dualismo entre vida e morte.

> A luta constante dos vivos é pela vida, pois há que se livrar constantemente das influências contrárias à vida, com que os espíritos dos que morreram tentam se fazer presentes, como que atraídos pela fraqueza dos próprios viventes. (In: Os Krahô em busca da vida, *Porantim*, nº132, out. 1990, p. 12.)

O fim do luto, marcado pela dor e pela ausência do falecido, é celebrado com um importante ritual festivo chamado *Pär-kahäk*. Tem início à tarde e vai até a manhã do dia seguinte. É essencialmente noturno. De fato,

> a noite é mais adequada à lembrança dos mortos, como também se presta mais à meditação, ao medo, às representações, aos disfarces e aos confrontos visionários (Id., ib.).

Assim, no final da noite, passada em vigília, a comunidade explode em cantos muito expressivos, mas sem o acompanhamento do maracá. E um tronco de buriti oco (*par-kahak*, tora falsa), que dá nome ao ritual, é levantado do chão e levado com rapidez, passando de ombro a ombro até o pátio da aldeia, onde é deposto.

Na finalização do ritual, uma explosão de alegria toma conta de todos os moradores, com um canto, acompanhado do maracá.

> Ele proclama a força da vida, a esperança e a grandeza do sol, que é o dono do dia e da luz. Então os filhos do sol, do dia e da luz se sentirão felizes em pular, correr e brincar, entrando, assim, em estado de *amji-kin*, que quer dizer 'se amar'. (...) Mas *amji-kin* também é um estado de espírito, ou seja, o modo certo de viver, o caminho para uma cabeça e um coração sadios (Id., ib.).

Que belo testemunho de um povo, que transforma a dor da perda de um ente querido em esperança e na retomada de uma nova vida!

Mitos indígenas: significado e importância

A tradição oral tem um lugar fundamental entre os povos indígenas. Neste livro, aparecem muitas histórias e relatos. São os chamados *mitos*, passados de pais para filhos e de anciãos para jovens. Infelizmente, em nossa língua, este termo passou a significar história fantasiosa ou até mesmo mentira. Mas esses relatos são histórias exemplares e sagradas, contendo as tradições e a memória desses povos.

Corrida de tora numa aldeia Krahô. Foto: Renato Soares, do livro de PREZIA, B.; HOORNAERT, E., *Brasil indígena, 500 anos de resistência*, 2000, p. 65

Os mitos são uma porta de entrada para se conhecer uma comunidade, embora nem sempre se mostrem de forma explícita, por causa da pressão de nossa sociedade que valoriza mais a escrita. Com razão, a antropóloga Carmen Junqueira afirmou que esses povos "criaram um mundo povoado de forças e poderes que acompanham de perto as pessoas, interferindo de modo aberto em suas vidas. Os mitos são uma boa pista para encontrar um dos fios dessa complexa meada." (Ap. HERRERO, M.; FERNANDES, U., *Jogos e brincadeiras na cultura Kalapalo*, 2010, p. 189.)

Todos os povos acumulam, em suas raízes culturais, histórias que compõem sua identidade, costumes, passado, origens e tradições. Nelas aparecem os demiurgos, sendo muitos deles criadores de um povo, como já vimos. Os gregos, na Antiguidade, destacaram-se pela mitologia, que influencia até hoje a cultura ocidental, através dos personagens como Édipo e Electra, recuperados na psicanálise por Freud.

Entre os indígenas há os *mitos de origem*, que narram os primórdios do povo, onde entidades, humanos e animais falantes se cruzam. Podemos dizer que essas histórias originárias são *histórias sagradas*. Embora se refiram a um passado longínquo, ao serem contados ou representados, recuperam a memória grupal, atualizando-se. Ao contrário do tempo histórico, que é linear, no tempo mítico os fatos voltam a existir cada vez que são narrados. Muitas vezes nos surpreendem e nem sempre apresentam uma sequência lógica.

Além dos relatos fundantes, podemos identificar outros dois tipos de mitos: as *histórias exemplares* ou *didáticas*, que transmitem um ensinamento, e as *histórias de entretenimento* ou de *recreação*, contadas para distrair os ouvintes. Certamente vem dos antepassados indígenas esse nosso gosto pelos "causos", histórias regionais e até mesmo pelas novelas.

Os indígenas da América possuem um grande acervo de mitos, que contêm muita sabedoria e riqueza cultural. Até os relatos históricos, como da chegada dos europeus ao continente, são retomados pelos indígenas numa linguagem mítica, buscando explicar a violência e certa superioridade do chamado "homem branco".

É importante termos essa visão mais profunda para desconstruir a ideia de que essas histórias são "lendas", ou algo a ser contato apenas para crianças, sem outro significado mais profundo.

A influência dos mitos tupis na cultura brasileira

Cada povo tem seus heróis e suas entidades. Algumas vezes há certa semelhança entre as histórias dos povos da América, apesar de nomes distintos. Vamos apresentar alguns mitos mais presentes em nossa cultura, por serem ligados aos povos tupis, com os quais tivemos maior contato. Entidades como Curupira, Saci-Pererê, Boitatá e Yara transformaram-se, com o tempo, em personagens do nosso folclore, mesclando-se com outras tradições, locais ou estrangeiras.

Por isso, é importante resgatar esse passado mais original, para colocar no seu devido lugar esse patrimônio cultural.

Além dos mitos a seguir, veja outros no Anexo 1, no final do livro.

Curupira

Conhecido popularmente como protetor da floresta e dos animais, é descrito por vários povos indígenas, como um homem de baixa estatura, com cabelos avermelhados e pés voltados para trás. O Curupira original aterroriza os caçadores, com surras, além de fazer com que o mau caçador se perca na mata.

São muitos os registros antigos sobre essa entidade, confundida pelos jesuítas com o demônio, como o fez o padre José de Anchieta no século XVI. (ANCHIETA, Cartas, 1984, p. 144.)

Foi também chamado pelos Tupinambá do Rio de Janeiro de *Kaaguara* (morador da mata). Textos do início da época colonial o mostram atacando os que se atreviam a entrar na floresta sem lhe dar oferendas.

DO SACI INDÍGENA AO SACI BRASILEIRO

Na cultura tupi muitas entidades estavam associadas aos animais (...). Ao contrário de certas entidades, que são regionais, uma delas, o saci, assumiu dimensão nacional, por causa da cultura tupi-guarani, que se tornou pan-brasileira, assumindo várias feições.

Na região Norte aparece com o nome de *mati-taperê* ou *mati-pererê*, pequena ave que caminha aos saltos. Esteve associada tanto ao curupira, quanto ao espírito de um pajé maléfico que transmitia seus feitiços às pessoas. (CASCUDO, C. *Dicionário do Folclore*, 1988, p. 484.) Com o tempo e com a diminuição de falantes do tupi, essa ave foi chamada de *matinta-pereira*. Tem o poder de transformar-se em coruja ou assumir a figura de uma velha ou criança com uma perna só, que anda aos pulos, buscando as pessoas para ganhar fumo. (MELLO, A. *Estórias e lendas da Amazônia*, 1962, v. 2, p. 210-213.)

Já em Mato Grosso do Sul, Egon Schaden encontrou-o com outro perfil, talvez por influência paraguaia. Tinha o nome de *xaxim-taterê*, sendo descrito como um menino de uns cinco anos, com duas pernas, e se manifestando por um assobio agudo, que faz arrepiar quem o ouve. Ao escutá-lo, não se deve imitá-lo ou duvidar de sua existência. Poderá aparecer também carregando um bastão, usado para castigar as pessoas. Irá dominá-lo quem conseguir retirar-lhe o bastão. Gosta muito de fumo e pinga. Para ter sua proteção ou se livrar de seus malefícios, basta colocar uma porção de tabaco ou uma garrafa de cachaça no local de onde parte o assobio. (SCHADEN, E., *Aspectos fundamentais da cultura Guarani*, 1974, p. 156-157.)

No Sudeste, manteve o nome de Saci. É associado a uma ave com o mesmo nome, denominada ainda de *sem-fim*, pois seu canto repete constantemente as palavras *sem-fim*. Por caminhar aos saltos, os falantes tupi-guaranis acrescentaram-lhe o adjetivo *pererê* (= o que salta). Isso fez com que se transformasse numa entidade de uma perna só, recebendo assim o nome composto de *saci pererê*. Sua presença é notada através de um assovio agudo ou de um pio.

Entre os Guarani do Oeste paulista, Schaden descobriu que era associado ao *anguery* ou *atsyguá*, espírito que trazia doença ou feitiço. Isso mostra certa semelhança com a *anguera* (alma

Também é conhecido com o nome de *Caipora* ou *Canhambora*, mas já com o papel de protetor das florestas. Na Amazônia, aparece como entidade inimiga dos humanos, embora ingênua, podendo ser enganada. (CASCUDO, C., *Antologia do Folclore*, 1971, p. 235-7.)

Até os dias atuais, em várias regiões do Brasil, é comum os caçadores oferecerem fumo para o Curupira, antes de entrar na mata.

Boitatá

É chamado também de Mãe-de-Ouro e Baitatá. O nome vem do tupi *mbaetatá* e significa coisa de fogo, pois é descrito como uma bola de fogo que corre pelos campos ou risca o céu. Pode ser também uma entidade aquática, manifestando-se em chama de fogo que aparece no mar e nos rios.

Na realidade, é a manifestação do fogo-fátuo, fenômeno de combustão espontânea existente, sobretudo, nas regiões pantanosas, por causa de gases que se desprendem da terra. No Sul é chamado de Boitatá (*mboitatá*), que, no tupi, significa "cobra de fogo".

penada) ou com o *anhangá* tupi. Assim o descreve: "Ninguém o vê, ouve-se-lhe apenas o assobio que mete medo; não fala com ninguém, tem aparência humana e é provido de duas pernas, mas [é] pequeno, pretinho (por isso também é conhecido por *kambá'i*); não fuma." (Id., ib., p. 156.)

Por esse relato percebe-se que a cor negra, ao contrário do que se pensa, não vem de influência africana, mas seguramente do Paraguai.

Entretanto, a representação atual do Saci deve-se a uma mistura de tradições e relatos. A figura mestiça de um negrinho com uma perna só, fumando cachimbo e com gorro vermelho, foi divulgada na literatura infantil de Monteiro Lobato, imortalizada em seus livros, que remontam à década de 1920.

Lobato criou esse personagem a partir de uma pesquisa feita por ele em 1917, em São Paulo, no jornal *Estadinho*, edição vespertina do jornal *O Estado de S. Paulo*. Colheu dezenas de relatos de pessoas que diziam ter visto ou ouvido histórias sobre esse personagem, que foram publicados no ano seguinte no livro *O Sacy-pererê. Resultado de um inquérito*.

(...) Ainda hoje, o *Saci Pererê* continua presente em regiões do interior de São Paulo, sobretudo onde é mais forte a raiz indígena, como São Luís do Paraitinga, no Vale do Paraíba, ou no Vale do Ribeira. Mas é bem diferente desse Saci urbano...

Benedito Prezia. In: *Porantim*, Brasília: Cimi, nº 360, nov. 2013, p. 16.

O Saci brasileiro, resultante das pesquisas de Monteiro Lobato. Gravura de divulgação

Yara

Originalmente, surgiu como uma entidade maléfica ligada às águas do mar e dos rios. Enganadora e, às vezes, sedutora, é responsável por virar canoas e pequenos barcos, afogando as pessoas. O nome vem do tupi e significa "senhor/senhora da água".

Entre os Guarani Mbyá existe a entidade *Yakanjá* ou *yyjá*, que quer dizer "dono ou dona da água". Vive em rios e lagos e é necessário respeitá-la, caso contrário, as pessoas podem morrer afogadas.

Esse mito, assim como outros, tem diversas versões. Com o passar do tempo, estabeleceu-se no imaginário brasileiro a figura da *Yara*, Mãe d'Água, bela mulher parecida com a sereia europeia, mas que causa malefícios. Por isso no interior do Nordeste, as pessoas evitavam banhar-se no rio após às 17h, para não ser levado pela Mãe d'Água.

Influência indígena na religiosidade brasileira

Podemos apontar alguns elementos indígenas que ocorrem na religiosidade brasileira, como as bênçãos e rituais de cura realizados pelas benzedeiras e rezadores populares.

A folha de palmeira e outras plantas tidas como "fortes" estão presentes na cerimônia do Domingo de Ramos da Igreja Católica, sendo levadas para casa, e colocadas atrás da porta da entrada das residências, contra o "mau olhado" e as más energias. São também queimadas por ocasião das tempestades com trovão, revelando uma forte ligação com a tradição tupi, pois os raios e trovões manifestam o poder de Tupã, senhor da chuva e do trovão.

A devoção e o culto das almas, existente no catolicismo popular, tem sua principal raiz nas culturas indígenas. O fato de o Brasil ser o país com maior número de pessoas seguidoras do espiritismo, sobretudo na classe média, mostra também a ligação com esse passado indígena. A Umbanda, religião tipicamente brasileira, deve grande contribuição da tradição indígena.

A *ayuhasca*, bebida ritual de vários povos indígenas do Acre, está sendo usada no Sudeste e no Sul por grupos religiosos não indígenas, como Santo Daime e União do Vegetal.

Para registrar

- Entre alguns povos indígenas, como o Guarani, o pajé é uma figura mais importante que o próprio cacique.
- Segundo alguns povos, certas plantas só podem ser manipuladas pelos pajés, pois elas têm uma grande força espiritual, que pode causar dano em quem não está preparado para usá-las.
- A tradição indígena tem muito a nos ensinar no campo da farmacologia, apresentando não só plantas medicinais, como também procedimentos terapêuticos, o que poderia nos libertar de remédios controlados por fortes grupos econômicos.

Para saber mais

- Ler o livro do Guarani Nhandeva Olívio Jekupé, *Ajuda do Saci Kamba'í*, da editora Difusão Cultural do Livro, de 2006.
- Consultar o livro de Orlando Vilas Bôas, *A arte dos pajés*, da Editora Globo, de 2000.
- Ouvir o CD *Ñande Reko Arandu-Memória Viva Guarani*, cujas letras reproduzem de forma poética a cultura religiosa tradicional.
- Assistir ao programa nº 9, *Do outro lado do céu*, do vídeo *Índios do Brasil*, do MEC, disponibilizado pelo Youtube.
- Vale a pena assistir ao filme, *Ex-pajé*, do Luís Bolognesi (2018), que traz o debate sobre o choque cultural provocado pelas igrejas evangélicas nas comunidades indígenas, levando à desvalorização do pajé.

Referências bibliográficas

ANCHIETA, Joseph. *Cartas: Correspondência Ativa e Passiva*. São Paulo: Loyola, 1984. (Obras Completas, v. 6).

AYROSA, Plinio M. da Silva (org). *Diccionario Portuguez-Brasiliano e Brasiliano-Portuguez*. São Paulo: Imprensa Oficial do Estado, 1934.

CADOGAN, León. *La Literatura de los Guaranies*. México: Ed. Joaquim Mortiz, 1984

CASCUDO, Luís da Câmara. *Antologia do Folclore Brasileiro*. São Paulo: Martins, 1971.

GALANTE, Luciana. *Investigação Etnobotânica na Comunidade Guarani Mbya de Tekoa Pyau*. Dissertação de Mestrado em Ciências Sociais. São Paulo: Pontifícia Universidade Católica de São Paulo, 2011.

GERLIC, Sebastián (org.). *Somos Patrimônio. Índios na visão dos índios*. Salvador: Thydêwá, 2011.

GIACCARIA, Bartolomeu; HEIDE, Adalberto. *Jerônimo Xavante Sonha*. Campo Grande: Casa da Cultura, 1975.

GUARANI, Emerson; PREZIA, Benedito. *A Criação do Mundo e Outras Belas Histórias Indígenas*. 2ª impr. São Paulo: Formato/Saraiva, 2018.

JUNQUEIRA, Carmen. Pajés e Feiticeiros. *Revista de Estudos Avançados*, São Paulo: USP, v. 18, n. 52, p. 289-302, 2004.

KONTXA, Valber. Os Krahô em busca da vida. *Porantim*, Brasília: Cimi, nº 132, out. 1990, p. 12.

LADEIRA, Maria Inês. *Espaço geográfico Guarani: Significado, Constituição e Uso*. Ed. Unesp, 2008.

LANGDON E. Jean M. (org.) *Xamanismo no Brasil. Novas perspectivas*. Florianópolis: Ed. UFSC, 1996.

LESSA, Barbosa. *História do Chimarrão*. 2ª ed. Porto Alegre: Livraria Sulina, s/d [1958].

LOBATO, Monteiro (org.). *Sacy-Pererê: Resultado de um Inquérito*. Rio de Janeiro: Gráfica JB S.A., 1998. (Edição fac-similar).

MAYBURY-LEWIS, David. *A Sociedade Xavante*. Rio de Janeiro: Francisco Alves, 1984.

MÉTRAUX, Alfred. *A Religião dos Tupinambás*. 2ª ed. São Paulo: Comp. Ed. Nacional; Edusp. (Col. Brasiliana, v. 267).

NAVARRO, Eduardo de A. *Dicionário de Tupi Antigo. A língua indígena clássica do Brasil*. São Paulo: Global, 2013.

NIMUENDAJU, Curt U. *As Lendas da Criação e Destruição do Mundo como Fundamento da Religião dos Apapocúva-Guarani*. São Paulo: Hucitec-Edusp, 1987.

PORTARI, Douglas. O arame farpado. *Alvorada*, Porto Alegre do Norte, Prelazia de São Félix do Araguaia, nº 327, jan./mar. 2019, p. 4.

PREZIA, Benedito. *Os Tupi da Piratininga: Acolhida, Resistência e Colaboração*. Tese de Doutorado em Ciências Sociais. São Paulo: Pontifícia Universidade Católica de São Paulo, 2008.

__________. A resistência de um povo [Fulni-ô]. Suplemento Cultural, mar. 1989, p. 2. *Porantim*, Brasília, Cimi, nº 116, mar. 1989.

SCHADEN, Egon. *Aspectos Fundamentais da Cultura Guarani*, São Paulo: Edusp, [1954] 1989.

SCT-Secretaria de Ciência e Tecnologia/CNPq/Museu Paraense Emílio Goeldi. *Ciência Kayapó, Alternativas contra a Destruição*. Belém: SCT/CNPq/ Museu Paraense Emílio Goeldi, 1992.

THEVET, André. *As Singularidades da França Antártica*. Belo Horizonte: Itatiaia; São Paulo: Edusp, 1978. (Col. Reconquista do Brasil, v. 45).

VIVEIROS DE CASTRO, Eduardo. *Araweté, o Povo do Ipixuna*. São Paulo: Cedi, 1992.

__________. *O Papel da Religião no Sistema Social dos Povos Indígenas*, Cuiabá: GTME, 1999.

7. Mãe terra, terra sagrada e a luta pela terra

O governo não conhece o nosso costume, o nosso pensamento. (...) O nosso pensamento é a terra. (...) Os rios, os peixes, as matas estão pedindo socorro, mas o governo não está sabendo escutar. Ele diz que nós vamos morrer de fome se fechar o garimpo. Se eles não pararem de garimpar, nós vamos sim morrer de fome. (...) Nós, Yanomami, queremos nossa terra própria. Não queremos acabar com nossos costumes. (...) Nas nossas terras temos muitas serras. (...) Dentro das serras moram os Xapori, Hekura, os espíritos da natureza. Entre as serras tem os caminhos dos Xapori, ninguém vê, só o pajé conhece essas ligações. As serras são aos lugares sagrados, lugares onde nasceram os primeiros Yanomami, onde suas cinzas foram enterradas. Nossos velhos deixaram seus espíritos nesses lugares. Nós, Yanomami, queremos que as serras sejam respeitadas, não queremos que sejam destruídas. Queremos que estes lugares sejam preservados para não acabar com nossa história e com nossos espíritos. Nós chamamos os Hekura para curar nossos doentes. Há muitos anos usamos eles, [e] eles não acabam. Omamë [Deus] deixou esses espíritos para defender o povo Yanomami.

Carta a todos os povos da Terra, de Davi Kopenawa, do povo Yanomami. In: *Yanomami: a todos os povos da Terra*, 1990, p. 43-45.

Essa carta de Davi Kopenawa, pajé e liderança do povo Yanomami, cujo trecho reproduzimos acima, foi entregue ao presidente José Sarney em Boa Vista (RR), em 1° de setembro de 1989, para denunciar a presença de garimpeiros em suas terras. Era uma resposta ao presidente que dissera que os indígenas morreriam de fome se o garimpo fosse fechado[16]. Apesar de antigo, o texto é uma resposta muito atual, pois mostra a importância da terra, não apenas como espaço de convivência física, mas também como espaço religioso.

A dimensão sagrada da terra

Para esses povos, a terra sempre foi fonte de vida e, por isso, têm com ela uma relação de respeito, reverência e cuidado. A terra ocu-

16. Os garimpos só foram fechados após a morte dos 20 Yanomami da aldeia Haximu, em 1993, conhecido como o *massacre de Haximu*. Ler o impressionante diário de Adalberto da Silva Santos, garimpeiro português, divulgado pelo Centro de Informação da Diocese de Roraima com o título *Morte e destruição nas matas de Roraima*, de julho de 1989, que denunciava as violências praticadas na região.

A terra é fonte de vida. Mata Atlântica no litoral paulista. Foto: Douglas Mansur, 1995

pa lugar central em suas vidas, como uma mãe que gera, alimenta e acolhe um filho. "Tudo que acontecer à terra, acontecerá aos filhos da terra" disse o cacique Seatle, na famosa *Carta da Terra*, ainda no século XIX. (In: GUARANI, E.; PREZIA, B., *A criação do mundo e outras belas histórias indígenas*, 2018, p. 16.)

Valdemar Tokfin, Kaingang, antigo cacique de Iraí (RS), afirmou: "As florestas são como o pai, porque na sua sombra a gente se abriga. Não vê que quando há um sol forte as crianças se abrigam no pai? Assim é a floresta para nós." (Ap. HECK, E.; PREZIA, B., *Povos indígenas: Terra é vida*, 2013, p. 42.)

Na visão tradicional indígena, as árvores e os animais têm vida e sentimento, como os humanos. É o que relata Bartomeu Melià, referindo-se aos Paï-Tavyterã/Kaiowá, que vivem no Paraguai e em Mato Grosso do Sul.

> Rezam quando põem fogo no roçado, para que as pragas não ataquem a plantação. E, quando vão à mata, fazem suas invocações para atrair a caça, "conversam" com as armadilhas para que elas agarrem muitas presas, mas ao animal caçado pedirá desculpas, pois o matam apenas para alimentar sua família. (A experiência religiosa Guarani. In: MARZAL e OUTROS. *O rosto índio de Deus*, 1989, p. 319.)

Por isso, o indígena não caça sem necessidade, como já assinalamos anteriormente, num mito onde o "dono" daqueles animais aparece e repreende o mau caçador.

A relação com os animais é de grande proximidade. Certos animais são criados e tratados como parte da família. Por isso, o animal criado quase nunca serve de alimento, como é o caso de um porco ou galinha. É frequente ver um indígena colocando no bico do papagaio a comida mascada por ele ou uma mulher dando o seio a um porquinho do mato, que foi resgatado sem a mãe e que é criado na aldeia.

A terra é, pois, um lugar de convivência de todos os seres que nela vivem. Nesse espaço se dão as relações econômicas, sociais, políticas, ecológicas e religiosas, fundamentais para a vida de um povo indígena. Por isso os indígenas necessitam de uma terra maior para viver e expressar a cultura e o jeito próprio de ser.

Com razão o rezador Atanásio Teixeira, Guarani Kaiowá, da aldeia Limão Verde, de Amambai (MS), queixou-se num depoimento.

> Eles destruíram os nossos remédios da mata. Fizeram sumir nossas carnes, os nossos animais de caça. Os donos protetores desses animais voltaram para junto de Tupã. (Depoimento feito no documentário Mbaraká, a palavra que age, de CUNHA, PUZZO e PIMENTEL, s/d [2010.])

Ao contrário dos demais brasileiros, que enxergam a terra como mercadoria, que pode ser comprada ou vendida, para os indígenas, a terra, com suas montanhas, lagos, florestas e campos são moradas dos espíritos. Para muitas comunidades, ela se torna sagrada por guardar os ossos de seus antepassados, abrigando o princípio e o fim.

Na luta dos Kaingang pela recuperação do Toldo Chimbangue (SC), o grande argumento usado pelos indígenas foi: "Não podemos abandonar os nossos antigos" (Cimi-Sul, *Toldo Chimbangue*, 1983, p. 98). Os antigos são os antepassados que estão ali enterrados. Por isso, os Kaingang dão tanta importância aos cemitérios e seu maior ritual, como vimos anteriormente, é o *Kikoi*, que ocorre anualmente ao redor dos túmulos de seus parentes.

A terra possibilita também a integração da comunidade, pois nas aldeias as famílias se reúnem para falar de sua história, de sua caminhada e de seu futuro, exercendo a partilha e a reciprocidade. Na terra buscam o alimento, remédios, materiais para o artesanato, a madeira para a casa e para a embarcação.

O território tradicional é igualmente o lugar através do qual se atinge a *Terra Boa*, após a morte. Vários povos, como os Karitiana, de Rondônia, concebem o nosso universo como o ponto de partida para se alcançar a Terra Boa. Esse povo concebe um amplo universo formado por seis espaços, que se comunicam entre si, numa relação de dependência estreita entre os humanos, os animais e os espíritos. Assim, o mundo de *ejepi* (Terra), é o local onde as pessoas nascem, vivem, crescem e se preparam para alcançar a *ambi otadna*, a Grande Casa, que nos levará para *botjyj* (o lugar dos falecidos), onde ocorrerá o banquete místico. É o *Lugar Bom*, onde não há maldade e nem morte. (Ap. CIMI, *Justiça, Terra e Paz para os Povos Indígenas*, 2018, p. 2.)

O pajé Cizino Karitiana insiste para cuidarmos bem da terra, pois ela "é vida, e sem ela não podemos existir. Sem passar por ela, não podemos chegar à grande maloca" (Id., ib.).

A terra indígena num país capitalista

Os territórios indígenas estão cada vez mais ameaçados com a invasão de madeireiros, garimpeiros, posseiros, latifundiários e pecuaristas. São ainda afetados por grandes obras públicas, como hidrelétricas, rodovias, ferrovias e hidrovias. Plantações de soja,

Retirada de madeira da Terra Indígena Mynky, em 2010. Foto: Wajao Myky, Arquivo Cimi

cana-de-açúcar, eucalipto ou simples pastagens avançam cada vez mais sobre esses territórios, ameaçando a vida desses povos, e o meio ambiente.

Como já dizia o cacique Seatle, da América do Norte, em 1855, o homem branco "trata sua mãe, a terra, e seu irmão, o céu, como coisas que possam ser compradas, saqueadas, vendidas como carneiros ou enfeites coloridos; seu apetite devorará a terra, deixando atrás de si desertos." (In: GUARANI, E.; PREZIA, B., *A criação do mundo e outras belas histórias indígenas*, 2018, p. 16.)

Diante do avanço do modelo capitalista, o Estado brasileiro vem criando áreas de proteção ambiental. Entretanto, em algumas dessas reservas ambientais há populações indígenas, o que cria conflitos, pela visão estreita de ambientalistas, que enxergam o indígena também como predador e não como preservador.

A Constituição Federal de 1988, no artigo 231, afirma que os povos indígenas têm *direitos originários* sobre as terras tradicionalmente ocupadas e que a União deve demarcá-las e fazer respeitar seus limites. Direitos originários significam que os povos indígenas têm direitos sobre seus territórios, antes da origem do Estado brasileiro. Demarcar significa colocar limites a essas terras para que sejam respeitadas tanto por particulares como pelos governos

Das 1.296 terras indígenas, apenas 401 estão homologadas e registradas (30,94%). Representam apenas 12,5% do território brasileiro. Ainda há 306 áreas em processo de demarcação (23,61%) e 530 estão sem providência o que corresponde a 40,89% do total de todas as terras indígenas.[17]

Embora o Estatuto do Índio, de 1973, tenha dado um prazo de cinco anos para que as terras indígenas fossem demarcadas (art. 65), isso não ocorreu. A Constituição de 1988 também retomou essa

17. In: www.cimi.org.br, consultado em 9/03/2019.

questão, nas disposições transitórias (art. 67). Foi dado, igualmente, um prazo de cinco anos, mas isso não foi cumprido por causa das pressões dos ruralistas e das forças anti-indígenas sediadas no Congresso Nacional, em Brasília.

O cenário, nesses últimos anos, tem-se mostrado bastante negativo. Uma das grandes ameaças é o Projeto de Emenda Constitucional-PEC 215, que visa retirar do executivo (Ministério da Justiça e Funai) a competência para a demarcação das terras indígenas, passando esta tarefa à Câmara Federal. Se aprovada essa PEC, o resultado será muito nefasto, pois o Congresso Nacional está cada vez mais dominado pela bancada ruralista. No início do governo Bolsonaro, o presidente tomou medida bastante prejudicial aos povos indígenas, passando a demarcação de suas terras ao Ministério da Agricultura, dominado pelos interesses do agronegócio e contra os indígenas. Mas essa medida foi reconsiderada, após as manifestações do Abril Indígena de 2019.

Desmatamento em Mato Grosso, fruto do avanço da introdução do gado e da plantação de soja. Foto: Gilberto Vieira, 2014, Arquivo Cimi.

Outra proposta, do governo federal e do Judiciário, que atinge negativamente os povos indígenas é o Marco Temporal. Este conceito surgiu no Supremo Tribunal Federal, durante o processo de demarcação da Terra Indígena Raposa-Serra do Sol, em Roraima, visando um acordo para autorizar a demarcação contínua daquele território. Recentemente, a Advocacia Geral de União (AGU) propôs esse critério como norma geral. Segundo o conceito, passa a ser reconhecida como terra indígena somente a que estivesse ocupada pela população tradicional em outubro de 1988, quando foi promulgada a Constituição. Esse entendimento viola os direitos originários dos povos indígenas sobre suas terras, pois eles são anteriores ao Estado brasileiro.

O Marco Temporal não leva em conta a situação histórica de muitos povos que foram expulsos de suas terras e que, em 1988, estavam longe delas. O parecer impede o reconhecimento e a demarcação de terras ancestrais reocupadas. É um golpe da bancada ruralista, que não reconhece esses povos como os primeiros habitantes de nossa terra.

Nesse clima anti-indígena, ouvimos que esses povos possuem terra demais, o que não é verdade. Pelo modo de vida que têm, que é bem diferente do nosso, necessitam de muito mais terra para que a vida e a cultura sejam garantidas, e para que a natureza seja também preservada. De fato, necessitam de um território maior para a rotatividade de suas roças, para a manutenção da caça e para a mudança de moradia, como se pode verificar no texto abaixo, em que é apresentada a maneira tradicional de fazer agricultura do povo Kulina, do Acre.

Além disso, as grandes reservas indígenas tornaram-se ilhas de preservação ambiental, como ocorre no norte de Mato Grosso, na região do Parque Indígena do Xingu.

O ÍNDIO: PREDADOR OU PRESERVADOR?

A luta dos povos indígenas pela sobrevivência no ecossistema amazônico fez com que, durante milhares de anos, desenvolvessem técnicas variadas para retirar do seu habitat tudo que necessitavam, desde a indumentária até os instrumentos de trabalho. (...)

A introdução do machado modificou sensivelmente o método do índio de se relacionar com a terra, mas não alterou, na maioria dos grupos indígenas, a sua economia de subsistência. Entre o povo Kulina, a preparação da roça passa pelas seguintes etapas:

(...) A primeira derrubada é feita ao redor da aldeia. No ano seguinte um novo roçado é feito em outro local e, no local da roça anterior, a mata entra em recuperação.

A cada ano um novo roçado é feito. Como a várzea, onde habita a maioria das populações indígenas é carente de terras altas e livres de alagações, o quarto roçado já estará excessivamente longe da aldeia, bem como a área de caça e pesca se encontrará esgotada.

Se, no primeiro ano, um caçador gastava no máximo quatro horas para retornar à aldeia com a caça, no quarto ano ele gastará um dia todo nessa tarefa, correndo o risco de uma caça infrutífera.

A aldeia é transferida quando a área de caça e pesca ou a provisão dos roçados está ameaçada e o grupo precisa ser desmembrado. Um outro método usado pelos grupos Kulina dispersos ao longo dos médios rio Envira, Juruá e Purus consiste em fazer vários roçados em áreas distantes dois a três dias um do outro, em períodos de três a quatro meses de diferença de plantio, mudando-se constantemente no período das colheitas. Esse método exige do grupo constante itinerância.

A agricultura itinerante é, sem dúvida alguma, a única forma capaz de garantir a sobrevivência da Amazônia, sem causar danos irrecuperáveis ao ecossistema. E vem daí a necessidade dos povos indígenas terem um espaço maior para sobreviverem, mantendo sua cultura.

(...) Essa necessidade de um maior espaço vital não está no privilégio de ele ser índio, mas sim na forma como se relaciona com a terra. É distinta da forma como o pequeno agricultor ou o fazendeiro se relaciona.

Nessa mesma linha de pensamento, poderíamos perguntar o que dizer dos grandes latifúndios nas mãos de uma minoria?

Sedentarizar os povos indígenas, que já foram tão espoliados, em pequenos pedaços de terra onde estarão fadados a desaparecer física e culturalmente, para favorecer as grandes empresas agropecuárias, de mineração e especulação imobiliária, é jogá-los para as periferias das cidades, onde eles, inevitavelmente, desaparecerão.

Abel O. Silva (Kanaú), indigenista que atuou no Acre na década de 1980. In: *Porantim*, nº 61, mar. 1984, p. 5-6.

LIÇÕES PRÁTICAS: O SABER RESULTANTE DA EXPERIÊNCIA

Em 1992, por ocasião dos quinhentos anos da América, o Museu Paraense Emílio Goeldi, de Belém, montou uma exposição intitulada Ciência Kayapó, alternativas à destruição. Apresentava as várias áreas de conhecimento desse povo, mostrando que essa sabedoria ancestral poderia ser um caminho para evitar a destruição da Amazônia. Reproduzimos um subtema, transcrito do livro que acompanhou a exposição.

Etnoecologia

A classificação indígena de ecossistemas oferece importantes ensinamentos sobre a diversidade de recursos naturais e sua distribuição. (...) Estudos de ecossistemas na classificação Kayapó da abelha *Melípona* oferecem informações úteis sobre a repartição de nicho e/ou a exclusividade de habitat entre diferentes espécies de abelhas sem ferrão.

Os Kayapó falam, com frequência, em plantas *ombiqwa-ô-toro,* ou "plantas que crescem juntas". Estão conscientes de que algumas espécies se desenvolvem com maior vigor quando plantadas em conjunto com outras variedades. Esses agrupamentos sinergéticos incluem, muitas vezes, dezenas de plantas, requerem padrões complexos de cultivo e são descritos em termos de "energia de plantas". Assim, uma plantação kayapó é feita mediante a associação cuidadosa de diferentes "energias e personalidades de plantas", análoga à combinação de cores a que um artista recorre para produzir uma obra de arte.

(...) Tais evidências permitirão a planejadores de uma política agrícola na Amazônia selecionar espécies nativas úteis, melhor adaptadas à região do que as que requerem o emprego de altas taxas de energia e aditivos químicos para o seu cultivo.

(...) A manipulação a longo prazo, tanto no que diz respeito aos recursos da flora como da fauna, representa, igualmente, uma alternativa aos limitados modelos de reflorestamento e agro-reflorestamento ou à criação de gado atualmente em vigor em grandes extensões da

A violência na luta pela terra

Entre os povos que na atualidade mais sofrem a falta de terra estão os Guarani-Kaiowá, de Mato Grosso do Sul, que é o segundo estado com a maior população nativa do país.

Poucos sabem que suas terras foram confiscadas pelo governo Getúlio Vargas no final da década de 1940, para a implantação da *Colônia Agrícola Nacional de Dourados*, que estimulava a ida de lavradores gaúchos e baianos para essa região de fronteira.

Durante quase sessenta anos, a situação foi sempre de conflito, pois essa presença Guarani-Kaiowá incomodava. Atualmente, muitos desses lavradores tornaram-se fazendeiros, agravando-se o conflito com as famílias indígenas, pois reivindicam a propriedade, esquecendo-se de que esses povos indígenas têm ali presença milenar.

Nos últimos anos, esses indígenas, já mais organizados e com o apoio de várias entidades, começaram a retornar às suas terras tradicionais. Diante da resistência armada e das ações do judiciário contra eles, várias comunidades passaram a viver à beira da estrada, em precários acampamentos. Outras foram confinadas nas antigas reservas demarcadas pelo SPI-Serviço de Proteção ao Índio, por volta de 1917, sem condições para sua sobrevivência física e cultural nos dias de hoje.

Amazônia brasileira. Tudo indica que plantas e animais nativos podem vir a ser conservados e explorados num sistema integrado de manipulação semelhante ao que os índios vêm praticando há séculos. (POSEY, 1985.)

(...) Nos *kapôt kein* ("campos limpos") em volta da aldeia Gorotire, por exemplo, situam-se "ilhas" de vegetação lenhosa, conhecidas como *apêtê*, contendo em seu conjunto uma elevada concentração de plantas de usos diversos, tais como: medicamentos, atrativos de caça, alimentação, lenha, adubo, sombra, o que mostra até que ponto os Kayapó podem criar e manipular microambientes dentro e entre os ecossistemas para incrementar a diversidade biológica. (ANDERSON; POSEY, 1985.)

Semelhante engenharia ecológica requer reconhecimento da fertilidade do solo, propriedades microclimáticas e preferências por variedades de plantas, assim como considerações sobre os inter-relacionamentos que se estabelecem entre componentes de uma comunidade ecológica criada pelo homem.

Os índios exercem, ao que parece, um papel ativo na formação e conservação dessas ilhas. Segundo informantes, de um total de 120 espécies inventariadas num *apêtê*, cerca de 75% delas podem ter sido resultado de plantio. Este processo se inicia com o transporte de serapilheira e material orgânico obtidos de termiteiros [térmita, espécie de cupim] e formigueiros para locais abertos no campo. Os plantios são feitos nesses montes de material orgânico, seja por sementes, estacas ou transporte de mudas. A formação desses apêtê parece facilitar a regeneração natural e a expansão das "ilhas de vegetação". Na época das queimadas do cerrado, frequentemente, protegem-se os *apêtê*, permitindo a manutenção da vegetação manejada.

(...) As formas sutis de manejo do cerrado pelos Kayapó parecem indicar que muitos dos ecossistemas até hoje considerados "naturais" podem haver sido profundamente alterados por populações indígenas.

DARRELL POSEY, Ciência Kayapó, Alternativas contra a Destruição. In: *Ciência Kayapó*, Belém, SCT/CNPq/Museu Paraense Emílio Goeldi, 1992, p. 27-29.

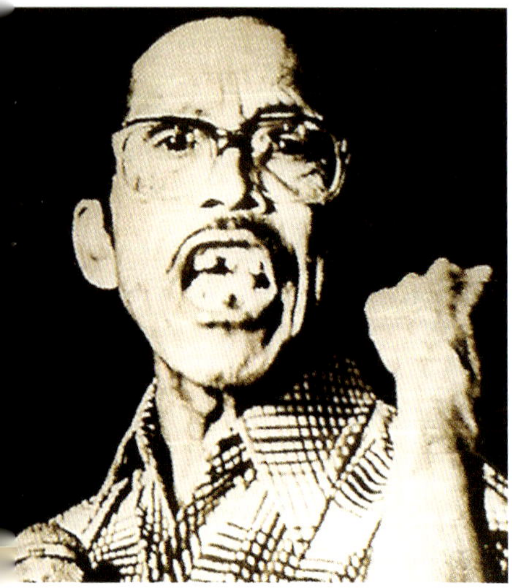

Marçal, uma voz que não pode ser esquecida. Foto: Marta Helena Brancher, por ocasião do 1º Seminário Sul-matrogrossense de Estudos Indigenistas, 1980, Arquivo Cimi

Muitas lideranças tombaram nessa luta, como Marçal Tupã'i, morto em novembro de 1983, na aldeia Campestre, atual Terra Indígena Nhande Rú Marangatu, no município de João Antônio (MS). É um símbolo da luta pela terra em Mato Grosso do Sul, pois, a partir dele, os Guarani-Kaiowá sentiram-se com mais coragem para enfrentar as fazendas. Importante foi seu depoimento no *1º Seminário Sul-matrogrossense de Estudos Indigenistas*, em Campo Grande, em abril de 1980.

> Pensando noite e dia, remoendo o problema de minha gente, da minha nação, encontrei o único caminho. O único caminho seria, então, procurar unir esta nação esfacelada, esta nação espoliada, que vive sem orientação, desorientada. (...) Esperamos que os caciques representantes de suas aldeias saiam daqui conscientes de suas responsabilidades. (...) É o direito que nós temos de restaurar aquilo que foi usurpado, o direito que nos usurparam o povo estranho à nossa tradição, à nossa crença e à nossa organização social. (In: *Porantim*, nº 62, abr., 1984, p. 3).

A partir do início da década de 1990, com apoio, sobretudo, do Conselho Indigenista Missionário-Cimi-Regional MS, as retomadas de antigos territórios tiveram início. A reação tem sido violenta, com muitos indígenas mortos. Políticos e fazendeiros da região alegam

Manifestação em Brasília, durante o *Acampamento Terra Livre*, em 2010. Foto: Egon Heck, Arquivo Cimi

que os indígenas estão atrapalhando o desenvolvimento regional. Como resposta, o procurador da República de Ponta Porã, Thiago dos Santos Luz, em 2010, foi bastante enfático.

> Em termos numéricos, os quase setenta mil indígenas de MS vivem em um território de 613 mil hectares, ocupando cerca de 1,7% da área do estado, que é de 35,7 milhões de hectares. Quase 14% do território de Mato Grosso são terras indígenas, o que não impediu o estado de bater recordes de produção nos últimos anos. (Ap. Cimi, *As violências contra os povos indígenas no MS*, 2011, p. 27.)

A violência contra esses povos aumentou de forma assustadora. Em 2007, apenas em Mato Grosso do Sul, 53 indígenas foram mortos.

Em 2009, dois professores indígenas, Genivaldo e Rolindo Vera, desapareceram da aldeia Tekohá Ypo'i, em Paranhos, após ataque de pistoleiros. O corpo de Genivaldo foi encontrado com sinais de tortura e de Rolindo continua desaparecido.

Líderes importantes foram eliminados, como o nhanderu (rezador) Nísio Gomes, em novembro de 2011, na Terra Indígena Guaiviry, em Amambai, cujo corpo nunca foi encontrado. Outra morte a lamentar é a de Clodiodi Rodrigues de Souza, em junho de 2016, em Toro Paso, município de Caarapó, no ataque que ficou conhecido como *Massacre de Caarapó*. Esses são apenas dois de uma longa e triste lista de vítimas na luta pela terra.

Segundo os Guarani e Kaiowá, inúmeras outras lideranças foram assassinadas na luta pela terra ou pela falta dela, quando as mortes têm ocorrido por conflitos internos.

Outra situação que demonstrou a tensão e disposição irredutível dos Guarani e Kaiowá quanto às exigências de seus direitos territoriais, ocorreu em 2012. Na ocasião, os moradores da aldeia Pyelito Kue-Mbarakay foram ameaçados e forçados a abandoná-la por decisão judicial. Em carta da época disseram que preferiam uma morte coletiva ao abandono da terra de seus antepassados.

> Solicitamos [às autoridades] para decretar a nossa morte coletiva e para enterrar nós todos aqui. (...) Pedimos de uma vez por todas para decretar a nossa dizimação e extinção total, além de enviar vários tratores para cavar um grande buraco para jogar e enterrar os nossos corpos. Decretem a nossa morte coletiva Guarani e Kaiowá de Pyelito Kue/Mbarakay e enterrem-nos aqui. (Ap: Cimi. *Relatório Violência contra os povos indígenas no Brasil*, 2012, p. 6.)

Esse brado teve grande repercussão nacional e internacional. Como afirmou dom Erwin Kräutler, então presidente do Cimi, precisamos ouvir o clamor desse povo.

> É um apelo desesperado de um povo ao governo, à justiça e a toda a sociedade nacional por medidas urgentíssimas para salvaguardar o direito à vida e defender a dignidade humana dos povos autóctones deste país. (Id., ib., p. 7.)

Diante da comoção nacional e internacional, a presidente Dilma Rousseff ordenou a publicação do relatório de identificação da área, em 2013. No entanto, ainda hoje, a comunidade segue acampada em 0,01% do território que foi identificado como de sua posse tradicional.

A situação agravou-se após a deposição da presidente Dilma, quando a Funai passou a ser dominada por pessoas ligadas ao agronegócio. É a conclusão de assessores do Cimi, após análise dos dados do *Relatório da Violência de 2016*.

> As demarcações de terra, caracterizadas como direitos fundamentais e sobre os quais estão alicerçados os demais direitos,

Manifestação ocorrida em Dourados, em agosto de 2011. Foto: Egon Heck - Arquivo Cimi

continuam paralisadas, em função da pressão dos ruralistas. A Funai tem sido, ao longo dessas últimas décadas, sucateada e desqualificada. O governo federal tem imposto restrições orçamentárias tão severas a este órgão a ponto de as coordenações locais e regionais não terem dinheiro sequer para comprar combustível. (In: RANGEL, Lúcia H.; LIEBGOTT, R. Disputas pelo poder político causam aumento da violência..., *Porantim*, n° 399, out. 2017, p. 10.)

Junto à perda da terra aparecem, como consequência, outros problemas nefastos como o alcoolismo e o suicídio, principalmente entre os jovens. A falta de terra, que agudiza os conflitos internos, leva os indígenas ao trabalho em fazendas e usinas de cana da região, em situações muitas vezes degradantes.

Entre 2000 e 2017 foi registrado um caso de suicídio Guarani e Kaiowá por semana, totalizando 810 mortes. Essa tragédia é causada pela omissão do poder público em garantir os meios fundamentais, como o acesso a seus territórios e à sobrevivência física e cultural, conforme ordena a Constituição.

Para os Guarani e Kaiowá esta situação transformou-se em um trauma social-coletivo, marcado pela morte por enforcamento. É a tradução do desespero não apenas em extinguir o corpo – com a morte física –, mas também a alma, representada pela garganta, sede de uma das almas.

Como disse Otoniel, liderança Guarani-Kaiowá, os jovens se matam porque "não têm respeito, não têm trabalho e nem terra pra plantar e viver. Escolhem morrer porque, na verdade, já estão mortos por dentro". (Ap. CIMI, *Relatório Violência contra os povos indígenas no Brasil*, 2013, 79.)

Segue um quadro, que mostra, em números, a tragédia vivenciada pelos indígenas no Brasil, especialmente, os de Mato Grosso do Sul.

TABELA DE CONFLITOS E MORTE NA LUTA PELA TERRA

	ANO	2010	2011	2012	2013	2014	2015	2016	2017
Conflitos de terra	Brasil	10	11	9	10	19	18	59	20
	MS	1	3	3	4	5	10	7	1
Assassinatos	Brasil	59	51	60	53	70	54	56	68
	MS	34	32	37	33	25	20	15	23
Suicídios	Brasil	20	26	14	56	135	87	106	128
	MS	40	45	53	73	48	45	30	31

Dados coletados nos *Relatórios de Violência dos Povos Indígenas no Brasil*, publicados pelo Cimi referente aos anos de 2010 a 2017.

Apesar de todos os conflitos, confrontos e mortes, atualmente, as comunidades Guarani e Kaiowá de Mato Grosso do Sul começam a encontrar novos caminhos para a superação dos problemas, com reuniões de lideranças e através da educação das crianças e dos jovens.

Já em 2003, realizou-se o *Seminário Conclusivo do Projeto Criança Kaiowá e Guarani de Mato Grosso do Sul*. O objetivo era levantar propostas para superar os problemas dessas comunidades. Entre os vários depoimentos, a tônica era a recuperação dos territórios tradicionais.

> A solução dos problemas é a demarcação de terras, porque lá a criança iria se estruturar, se reorganizar. Está claro que hoje na reserva é impossível se reestruturar, organizar a família, mas é possível se reestruturar dentro dessa área demarcada. (In: NASCIMENTO, A.; BATISTA, S. e KRAS, S. *Projeto criança Kaiowá e Guarani em Mato Grosso do Sul*, 2005, p.85.)

Convém destacar a licenciatura indígena Tekó Arandu, que é o ensino superior diferenciado no MS. Acolhendo professores de várias aldeias, representa novas perspectivas.

A preparação de professores feita pela Secretaria de Educação estadual, que sucedeu o trabalho pioneiro do grupo Ará Verá, ajudou a aumentar a consciência política e a formar novas lideranças. A volta às raízes indígenas, especialmente à tradição religiosa, estimulada pelos caciques e rezadores, é um importante elemento de resistência desse povo tão voltado à dimensão espiritual.

As mulheres também têm se destacado na luta pela recuperação dos territórios tradicionais. Primeiramente, suportando as difíceis condições dos acampamentos, muitos deles à beira de estradas e, depois, nos rituais e na retomada efetiva das terras.

Ao lado, jovens Guarani em trabalho de grupo do Seminário Conclusivo, 2003. Foto: Adriana Contini, do livro *A realidade na visão dos Índios,* 2005, p. 85. Abaixo, acampamento no município de Rio Brilhante, às margens da BR 463, em 2010. Foto: Egon Heck, Arquivo Cimi.

QUEM VIVER, VERÁ

Usando um trocadilho no título, o autor relata o clima reinante em Mato Grosso do Sul, após o assassinato dos professores Genivaldo e Rolindo Vera, da aldeia Y´poí, em 2009.

Mais uma semana angustiante se inicia na fronteira do Brasil com o Paraguai, na região de Paranhos. Um grande silêncio e mistério envolvem o recente desaparecimento e morte dos dois professores Guarani, na retomada do *tekohá Ypo'i*. O corpo de um deles, Genivaldo, segundo a polícia civil de Paranhos e os familiares, continua em Campo Grande. Tudo sob sete chaves, "para não atrapalhar a investigação", segundo o superintendente da Polícia Federal em Naviraí. As buscas foram totalmente suspensas. E as perguntas e dúvidas se multiplicam. Por que tanta demora em divulgar o resultado do exame de DNA do corpo encontrado? Por que suspender as buscas quando o mundo inteiro quer saber o que aconteceu com Rolindo Vera?

Não são novidades os assassinatos e ocultamento de cadáveres nessas regiões da fronteira. Não é por acaso que Coronel Sapucaia, nesta região, é o município mais violento do País. Mata-se de um lado e se enterra no outro, ou se joga no rio. Numa dessas viagens pelas estradas que serpenteiam a fronteira, Silvio, me dizia: "Aqui nessa curva, numa das viagens, encontramos cinco corpos..." Relatos de uma triste realidade que teima em se perpetuar na impunidade.

Os pais, parentes e amigos de Genivaldo e Rolindo encaminharam ao Ministério Público Federal um clamoroso pedido de socorro.

> Pedimos a vocês, autoridades, que pensem no nosso sofrimento, no fato que aconteceu com a nossa família, que [nosso filho] foi morto feito um animal, e jogado [e] que o outro não foi encontrado até hoje. A vida dele foi tirada com arma de fogo... E também sentimos muitos a falta dos nossos dois heróis que foram massacrados pelo fazendeiro [e] que jamais veremos. Mas ficará na memória ou como história para a nossa população. Por isso pedimos a vocês autoridades que compreendam e façam a justiça que cabe a vocês, conforme a lei, que é a punição dos autores desses atentados. (Moradores da Aldeia Pirajuí, 12/11/09.)

(...) Entendemos que para haver uma investigação eficaz e ágil, o sigilo é um dos elementos importantes. Porém, não é o suficiente. É preciso determinação política em esclarecer os fatos. O que os indígenas repetem em suas assembleias é que gostariam de saber qual a razão de ter tantos índios presos – estima-se que sejam em torno de duzentos em MS – e nenhum matador de índio esteja na cadeia em Mato Grosso do Sul.

(...) "Quanto tempo faz que os Guarani Kaiowá esperam para retornar aos seus *tekohá*? Até quando terão que esperar mais? Clamem ao mundo por SOS que somente assim talvez encontraremos meios para desvendar este maldito crime." (Maria da Silva, 12/11/09.)

Uma mensagem muito forte foi dada pelo Movimento dos Professores Guarani-Kaiowá, divulgada na Conferência [dos Professores].

> Os dois desapareceram. Não viverão nas terras que queriam viver, não vão mais fazer roça para alimentar seus filhos, não vão mais educar suas crianças, não vão mais dançar *quaxiré* [ritual festivo guarani], não vão fazer novas rezas, não vão ser *tamõi* [anciãos com sabedoria]. Não verão a lei se cumprir. Por que ela demorou muito, muito mais que a bala que tirou a vida deles. Guarani é como uma flor que brota da terra e desabrocha perfumando a natureza. E às vezes desaparece deixando um aroma no ar. É como as aves que vêm e desaparecem. Mas o nosso sentimento e a lágrima que cai no chão fortalecem o nosso espírito e volta a brilhar em nosso meio. Mas até quando vamos ver as flores pisadas, as aves mortas e o sangue derramado? Até quando vamos ter que esperar para poder entrar em nosso chão? Até quando continuaremos a ser expulsos, confinados, discriminados, assassinados? (Documento dos Professores Indígenas do MS para a Conferência de Educação Indígena, novembro de 2009.)

Egon Heck, coordenador do Cimi-Regional MS, 18/11/2009.[18]

18. In: https://cimi.org.br 2009/11/29566, acessado em 10/09/2018.

Rezadores Guarani e Kaiowá em dança ritual. Foto: Egon Heck, Arquivo Cimi

Outros instrumentos de luta têm aparecido entre esse povo. Não se pode esquecer das assembleias e encontros dos povos indígenas. Estes têm sido um espaço importante para as lideranças indígenas discutirem seus problemas e para encaminharem reivindicações, além de articularem os novos caminhos e a solidariedade com outros povos e entidades.

A mais importante das assembleias é a *Aty Guasu* (Grande Assembleia), realizada anualmente em uma das aldeias de Mato Grosso do Sul. É um momento alto da espiritualidade guarani, quando os rezadores se unem às lideranças comunitárias para se fortalecerem espiritualmente e para encontrarem ânimo para seguir a luta por uma vida mais digna e mais segura.

Terra Pataxó Hã-hã-hãe: lutando pela vida

A história do povo Pataxó Hã-hã-hãe, que vive na região de Itabuna, no sul da Bahia, é outro exemplo de como a perda da terra desestruturou o povo e como a recuperação do território tornou-se um marco para a retomada da vida grupal.

Anteriormente, os Pataxó Hã-hã-hãe e seus parentes Baenã, viviam da caça e da coleta de frutas, circulando por um grande território no Sul da Bahia. Por isso, em 1925, o Serviço de Proteção ao Índio (SPI) decidiu demarcar o território tradicional, para que pudessem manter seu padrão cultural. Era uma forma de protegê-los contra as fazendas que estavam ocupando a região. Em 1926, foi criada oficialmente a reserva indígena Caramuru-Catarina Paraguaçu com cinquenta léguas em quadra, equivalendo aproximadamente a trezentos quilômetros quadrados.

Como esses dois povos tinham um número reduzido de pessoas, em 1939, Curt Nimuendaju, indigenista e funcionário do SPI, transferiu para lá famílias indígenas de outras regiões da Bahia que haviam perdido suas terras como os Kariri Sapuyá, Kamakã e Tupinambá.

Na década de 1950, alguns plantadores de cacau começaram a disputar essas terras, pressionando e ameaçando de morte as famílias indígenas, obrigando-as a abandonar o lugar. Tal fato desencadeou uma migração para outros estados, como São Paulo e Paraná.

Em 1975, o governo estadual oficializou muitas glebas para plantadores de cacau, em troca de apoio político. Isso fez com que, em 1978, o Posto Indígena tenha sido desativado pela Funai e a reserva indígena, declarada extinta.

Apenas a família de Samado Santos e algumas pessoas do povo Baenã-Pataxó, como Bahetá, resistiram em dois locais: Panelão e aldeia da própria Bahetá.

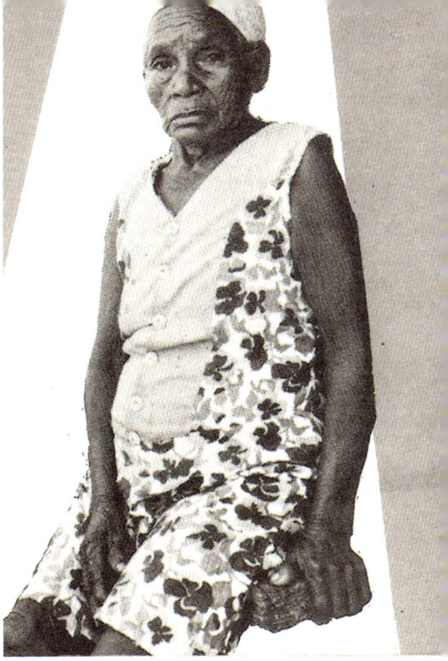

Bahetá, a última falante do povo Pataxó Hã-hã-hãe. Foto: Acervo Anaí-BA

Ali permaneceram por longos anos, enfrentando de forma pacífica a ocupação de suas terras. É desse líder a frase, que ficou famosa: "Posso até servir de adubo, mas dessa terra não saio." (In: PREZIA, B. *História da Resistência Indígena*, 2017, p. 193.)

Para facilitar a grilagem das terras, o SPI levou Samado e seu filho Diógenes para o Centro de Recuperação Crenak, em Resplendor (MG). Lá se encontraram com pessoas de outras etnias do Brasil, pois o local havia se transformado numa espécie de "colônia penal agrícola", com estrutura quase militar. (Anaí-BA, *A luta Pataxó Hahahãi*, 1985, p. 12.)

Aos poucos, por conta própria e com o apoio de entidades, como o Cimi, esses remanescentes foram retornando às suas terras. Negando a aceitar uma transferência para outra região, em 1982, os Pataxó Hã-hã-hãe decidiram retornar à antiga reserva, retomando a fazenda São Lucas.

Foi o início de uma luta que durou várias décadas.

Outras fazendas foram retomadas. Esse movimento teve um alto preço para a comunidade, levanto à morte Edísio Pataxó, Djalma Lima Souza e o cacique João Cravin. A morte mais chocante foi a de Galdino de Jesus, irmão desse cacique, que morreu queimado por jovens de classe média, em Brasília, por estar dormindo num ponto de ônibus, confundido com um mendigo. Fazia parte da delegação que fora à capital federal, numa das muitas viagens que realizaram para pressionar o Judiciário, onde tramitava uma ação de reintegração de posse de área tradicional indígena.

Revoltados com essa última morte, várias retomadas de fazendas ocorreram. Com a indefinição do Supremo Tribunal Federal, os indígenas decidiram garantir a terra por conta própria.

Maura Titiá, à direita, num projeto de plantas medicinais. Foto: Sebastián Gerlic, Thydêwá, 2012

Finalmente, em 2 de maio de 2012, após trinta anos de tramitação no Judiciário, o Supremo Tribunal Federal deu ganho de causa a esse povo, numa histórica votação. Entretanto, essa demora não deixou de mostrar a conivência do Judiciário com as forças do latifúndio baiano, apoiadas por governos conservadores, como o de Antônio Carlos Magalhães.

Atualmente, os Pataxó Há-hã-hãe estão confiantes na recuperação de seu antigo território, plantando em terras já reconquistadas. É o que confirma o líder Reginaldo.

> Queremos garantir aos nossos filhos a posse da terra e a recuperação das riquezas naturais. Sabemos que levará alguns anos para termos a terra apta ao plantio, tal como acontece na área de Pau Brasil, mas se lutamos até aqui, vamos agora seguir adiante. (In: SANTANA, R., *Porantim*, abril 2012, p. 9.)

ACREDITANDO EM UM FUTURO DIFERENTE

Após a vitória no Superior Tribunal Federal, os Pataxó Há-hã-hãe começaram a tomar diversas iniciativas, visando recuperar aquela importante área, ocupada antes pelo cacau e por pastos. Os moradores não índios da região já perceberam a mudança e acreditam que a colaboração entre as duas comunidades trará proveito a todos, como se lê nesse depoimento de Fábio Titiá Baenã Hã-hã-hãe.

Antes, os fazendeiros não gastavam aqui seus lucros. As rendas obtidas nessas terras, provindas do cacau, da pecuária e da agricultura iam para os municípios vizinhos. Agora é diferente. Na fazenda onde os fazendeiros tinham apenas uma família cuidando, passou, com a ocupação dos indígenas, a ser preenchida com mais de vinte famílias. E, com isso, aumentaram a renda e também o prestígio dos municípios.

Os indígenas, com o dinheiro obtido na lavoura, começaram a gastar na região e, com isso, veio a crescer o comércio [local] e também conquistar [a simpatia de] vários comerciantes e pessoas do município. Sobretudo porque os fazendeiros pregavam [dizendo que] se os índios retomassem a suas terras, as cidades iriam acabar, mas foi o contrário. Hoje os índios Pataxó Hã-hã-hãe vivem uma nova realidade, dando um novo salto na história social de nosso país. Isso vai servir de modelo para tantos outros povos indígenas que vêm lutando para garantir o seu direito à terra.

A comunidade indígena Pataxó Hã-hã-hãe só conseguiu essa vitória, graças aos nossos anciãos lutadores e também aos movimentos, entidades e a alguns antropólogos da Bahia que nos apoiaram e chegaram junto conosco até o fim.

Depoimento de Fábio Titiá Baenã Hã-hã-hãe, liderança Pataxó, diretor do vídeo *Tudo OK. Os índios Pataxó Há-hã-hãe e o desenvolvimento rural*, 2012.[19]

---

19. Texto enviado aos autores em 5/09/2012.

Importante presença dos Kayapó durante a Constituinte em Brasília, vendo-se ao centro o cacique Raoni. Foto: Egon Heck, Arquivo Cimi, 1988

A resposta indígena: organização e lutas atuais

De grande importância são também os encontros nacionais de lideranças indígenas, que começaram de forma discreta em 1974, com o apoio do Cimi. Eram as *Assembleias de Chefes Indígenas*, que ocorriam em várias regiões, com grande dificuldade e repressão por parte do governo militar. O medo da Funai e do governo autoritário era que os indígenas conseguissem se articular e responder à política integracionista e de roubo das terras, feita por parte do poder reinante. As dezesseis assembleias ocorridas até 1983 foram o embrião e base para outros movimentos e entidades, como a União das Nações Indígenas (UNI), e o movimento de professores e articulações regionais. (PREZIA, B. *Caminhando na luta e na esperança*, 2003, p. 85-86. Para a relação das assembleias indígenas ver à p. 333.)

Entre 1987 e 1988, na época da Constituinte, houve grandes mobilizações para garantir os direitos indígenas na nova Constituição, promulgada em 1988.

Dois artigos muito importantes na Constituição explicitam e reconhecem os direitos fundamentais dessas comunidades.

> São reconhecidos aos índios sua organização social, costumes, línguas, crenças e tradições, e os direitos originários sobre as terras que tradicionalmente ocupam, competindo à União demarcá-las, proteger e fazer respeitar todos os seus bens. (Art. 231; ver também os parágrafos de 1 a 7.)

O artigo 232 foi também fundamental, pois reconhece os indígenas como "partes legítimas para ingressar em juízo em defesa de seus direitos e interesses", acabando com a tutela, pela qual o indígena era tido como "relativamente capaz", isto é, como menor de idade. Durante décadas, a Funai representou esses povos (ver *Estatuto do Índio*, 1973, cap. II). Na realidade, o governo não só tutelava a pessoa do indígena, como também seus direitos, impedindo até de sair da aldeia ou do País.

Na medida em que as lideranças foram se organizando e conhecendo mais seus direitos, com o apoio da sociedade civil e de entidades como o Conselho Indigenista Missionário (Cimi), esses povos tiveram expressivos avanços. Um marco histórico ocorreu por ocasião das comemorações dos quinhentos anos de Brasil, quando houve a *Marcha e Conferência Indígena*, realizada em Porto Seguro, no sul da Bahia.

Essa mobilização reuniu cerca de três mil participantes de 140 povos de todas as regiões do país. Durante quatro dias discutiram e se posicionaram contra o chamado "descobrimento". Talvez, pela primeira vez, povos anteriormente inimigos, sentaram-se juntos, verificando que o verdadeiro inimigo é a sociedade capitalista, que busca o lucro de uma minoria. Para essa sociedade, os modos de vida tradicionais não têm importância e valor.

O documento final faz uma rápida retrospectiva histórica e propõe pistas para o futuro.

> Aqui nesta Conferência analisamos a sociedade brasileira nestes quinhentos anos de história de sua construção sobre os nossos territórios. Confirmamos, mais do que nunca, que esta sociedade, fundada na invasão e no extermínio dos povos que aqui viviam, foi construída na escravidão e na exploração dos negros e dos setores populares. É uma história infame, é uma história indigna. Dignidade tiveram sempre os perseguidos e os explorados, ao longo desses cinco séculos. Revoltas, insurreições, movimentos políticos e sociais marcaram também nossa história, estabelecendo uma linha contínua de resistência. (CIMI, *Marcha e Conferência Indígena*, 2000, p. 94.)

Grupo de indígenas Suruí (RO), na Conferência de Porto Seguro (BA), em 2000. Foto: Arquivo Cimi

Em seguida, são elencados 32 pontos que se tornaram uma espécie de Carta de Princípios.

> - Até o final do ano 2000 exigimos a demarcação e regularização de todas as terras indígenas;
> - Ampliação dos limites das áreas insuficientes para a vida e o crescimento das famílias indígenas;
> - Reconhecimento dos povos ressurgidos [resistentes] e seus territórios;
> - Aprovação do Estatuto dos Povos Indígenas que tramita no Congresso Nacional, conforme aprovado pelos povos e organizações indígenas (PL 2.057/91);
> - A educação tem que estar a serviço das lutas indígenas e do fortalecimento de nossas culturas;
> - Que seja garantido o acesso dos estudantes indígenas nas universidades federais, sem o vestibular;
> - Reforma, ampliação e construção de escolas indígenas e oferta de ensino em todos os níveis, garantindo-se o magistério indígena e educação de segundo grau profissionalizante
> - Fortalecer o impedimento da entrada e retirada das polícias militar e civil de dentro das áreas indígenas sem autorização das lideranças;
> - Extinção dos processos judiciais contrários à demarcação das terras tradicionais ocupadas pelos povos indígenas (Id. ib., p. 94-95).

A partir desse marco, o movimento indígena consolidou-se, sendo criadas várias organizações regionais. Entre elas, a Associação dos Povos Indígenas do Nordeste, Minas e Espírito Santo (Apoinme), que congrega os indígenas do Leste e Nordeste. E a Coordenação das Organizações Indígenas da Amazônia Brasileira (Coiab), que articula os povos dessa região e outras entidades, congregando além das lideranças tradicionais, professores e mulheres.

Uma iniciativa a se destacar é a realização do *Acampamento Terra Livre (ATL)*, que ocorre em Brasília, na Esplanada dos Ministérios, no

Representantes indígenas no Acampamento Terra Livre de 2009, onde se vê importante participação feminina. Foto: Egon Heck, Arquivo Cimi

mês de abril, desde 2003. Durante cinco dias, os indígenas montam tendas, onde dormem e discutem suas reivindicações e propostas para as lutas nacionais, além de realizar encontros com os parlamentares.

Em junho de 2012, por ocasião do evento Rio+20, que foi a continuação da Eco-92, realizou-se no Rio de Janeiro o *9º Acampamento Terra Livre* juntamente com a *Cúpula dos Povos por Justiça Social e Ambiental*, reunindo cerca de duas mil lideranças indígenas. Seguem alguns trechos da Declaração Final.

> Defendemos formas de vidas plurais e autônomas, inspiradas pelo modelo do Bom Viver-Vida Plena, onde a Mãe Terra é respeitada e cuidada, onde os seres humanos representam apenas mais uma espécie entre todas as demais que compõem a pluridiversidade do planeta. Nesse modelo, não há espaço para o chamado capitalismo verde, nem para suas novas formas de apropriação de nossa biodiversidade e de nossos conhecimentos tradicionais associados.
> [...] Reivindicamos o reconhecimento e demarcação imediatos das terras indígenas, inclusive com políticas de fortalecimento das áreas demarcadas, incluindo desintrusão [retirada] dos fazendeiros e outros invasores dos territórios! (Rio de Janeiro, 15 a 22 de junho de 2012. In: CIMI, Povos indígenas, aqueles que devem viver. 2012, p. 148-149.)[20]

Para construirmos um mundo mais sustentável é necessário modificar algumas prioridades que nos impõem o atual modelo de desenvolvimento. Por isso, podemos nos inspirar na sabedoria desses povos que, através dos tempos e apesar de todas as pressões, resistem e se organizam a partir de outras formas de pensar e de agir em relação à terra e aos seus recursos.

E, como concluíram na Declaração citada, podemos repetir: "A salvação do planeta está na sabedoria ancestral dos povos indígenas." (Id., ib, p. 149.)

Para registrar

- O povo Tapirapé, que vive na região do Araguaia (MT), contava apenas cinquenta pessoas em 1952, correndo risco de extinção. Após 66 anos, com a demarcação da terra indígena e com o acompanhamento sanitário feito, sobretudo, pelas Irmãzinhas de Jesus, que com eles viviam, atualmente são mais de oitocentas pessoas, em quatro aldeias.
- Os povos Pataxó e Pataxó Há-hã-hãe somavam 215 pessoas em 1970, em situação de extrema vulnerabilidade. Atualmente, com as terras parcialmente demarcadas e com a organização forte das comunidades, somente os Pataxó Há-hã-hãe contam com 4.500 pessoas.
- Na Amazônia, as terras indígenas são as mais preservadas, em termos ambientais. Se mais terras indígenas estivessem demarcadas, essa região teria melhores condições ambientais e humanas.

20. Assinaram o documento: Articulação dos Povos Indígenas do Brasil (Apib), Coordenadora de Organizações Indígenas da Bacia Amazônica (Coica), Coordenadora Andina de Organizações Indígenas (Caoi), Conselho Indígena da América Central (Cica) e Conselho Continental da Nação Guarani-CCNAGUA. Ver também http://www.apib.org.br/ix-acampamento-terra-livre-3/

Para saber mais

- Ler o livro de Egon Heck e de Benedito Prezia, *Povos Indígenas: Terra é vida*, da Editora Atual, de 2013.
- Ler o livreto *Ciência Kayapó, alternativas contra a destruição*, publicado pelo Museu Paraense Emílio Goeldi, em 1992.
- Ler também o livro do Cimi, *Povos indígenas, aqueles que devem viver. Manifesto contra os decretos de extermínio*, de 2012.
- Assistir ao documentário *O relógio e a bomba,* sobre as comemorações dos quinhentos anos de Brasil e a repressão contra a Marcha sobre Porto Seguro, com direção de Cirineu Kuhn. (São Paulo, Verbo Filmes 2001.)
- Assistir também a *Tudo OK. Os índios Pataxó Há-hã-hãe e o desenvolvimento rural*, sobre a maneira como os Pataxó Hã-hã-hãe estão recuperando as terras ocupadas pelo cacau e como conseguiram, com sua produção, reativar a economia local. (Direção de Fábio Titiá Baenã Hã-hã-hãe e Peter Anton Zoettl, Cinehãhãhãe, 2012. Contato para obter o vídeo: *baena.hahahae@gmail.com*)

Sobre a realidade de Mato Grosso do Sul

- Ler o livro de Benedito Prezia *Marçal Guarani, a voz que não pode ser esquecida*, da Editora Expressão Popular, 2009.
- Assistir a *Terra Vermelha*, longa metragem que mostra os conflitos entre fazendeiros e indígenas, e como a perda da terra levou ao aumento de alcoolismo e suicídio entre os Guarani-Kaiowá de MS. (Direção de Marco Bechis, co-produção Brasil-Itália, 2008, 108 min.)
- Ver ainda *À sombra de um delírio verde*, documentário sobre o cultivo da cana de açúcar em Mato Grosso do Sul e as consequências para os povos indígenas. (Direção de An Baccaert, Cristiano Navarro e Nicolas Muñoz, 2011, 29 min.)
- Ver também o filme *Martírio*, que retrata o histórico de violência sofrida pelos povos indígenas no Brasil, sobretudo em Mato Grosso do Sul. (Direção de Vincent Carelli, Ernesto de Carvalho e Tita, 2016, 142 min.)

Referências bibliográficas

ANAÍ-BA. *A luta Pataxó Hahahãi*. Notas sobre a história e a situação da Reserva Paraguassu Caramuru. Salvador: Associação Nacional de Apoio ao Índio-Anaí-BA, 1985.

BRASIL. *Constituição da República Federativa do Brasil,* org. por Alexandre de Moraes, 18ª ed. São Paulo: Ed. Atlas, 2002.

__________. Estatuto do Índio, lei 6.001, 19 de dezembro de 1973. In: SUESS, Paulo. *Em defesa dos Povos Indígenas*. Documentos e Legislação. São Paulo: Loyola, 1980, p. 129-145.

CONSELHO INDIGENISTA MISSIONÁRIO-CIMI. *Marcha e Conferência Indígena*. Brasília: Cimi, 2000.

__________. *Povos Indígenas, aqueles que devem viver*. Manifesto contra os decretos de extermínio. Brasília: Cimi, 2012.

__________. *Relatório de Violência contra os povos indígenas no Brasil* (anos 2010, 2011, 2012, 2013, 2014, 2015, 2016, 2017). Brasília: Cimi.

CIMI-REGIONAL MS. *A violência contra os povos indígenas em Mato Grosso do Sul e as resistências do Bem Viver por uma Terra Sem Males*. Campo Grande: Cimi-MS, 2011.

CIMI-REGIONAL SUL. *Toldo Chimbangue*. História e luta Kaingang em Santa Catarina. 1984.

GUARANI, Emerson; PREZIA, Benedito. *A criação do mundo e outras belas histórias indígenas*. 1ª reimpr. São Paulo: Formato, 2018.

HECK, Egon; PREZIA, Benedito, *Povos indígenas: Terra é vida*. 7ª ed. São Paulo: Atual, 2013.

MELIÀ, Bartomeu. A experiência religiosa Guarani. In: MARZAL, Manuel e OUTROS, *O rosto índio de Deus.* Petrópolis: Vozes, 1989. (Col. Teologia e Libertação, v. 1).

NASCIMENTO, Adir; BATISTA, Suzana; KRAS, Suzi. *Projeto criança Kaiowá e Guarani em Mato Grosso do Sul*. A realidade na visão dos Índios. Campo Grande: UCDB, 2005.

PREZIA, Benedito (org.). *Caminhando na luta e na esperança*. São Paulo: Loyola, 2003.

__________. Fazenda Guarani, outro presídio indígena. In: CIMI, *Relatório de Violência*. Brasília: Cimi, 2014, p. 164-167.

__________. *História da Resistência Indígena*. 500 anos de luta. 2ª reimpr. São Paulo: Expressão Popular, 2019.

SANTANA, Renato. O povo de Samado, Cravim, Barretá e Galdino completa a viagem de volta. *Porantim*, Brasília: Cimi, nº 344, abril 2012, p. 8- 9.

SECRETARIA DE CIÊNCIA E TECNOLOGIA-SCT/CNPQ/MUSEU PARAENSE EMÍLIO GOELDI. *Ciência Kayapó, alternativas contra a destruição* (ed. bilíngue). Belém: SCT/CNPq/Museu Paraense Emílio Goeldi, 1992.

Anexo 1: Mitos e histórias indígenas

Mitos de origem

Esses relatos podem ser considerados "histórias sagradas", já que os povos indígenas as têm como patrimônio espiritual. E por isso não podem ser vistas como simples lendas.

O surgimento da humanidade

Mito do povo Tupinambá, do Rio de Janeiro, de língua tupi, recolhido por frei André Thevet, que fez parte da colônia francesa, que lá esteve entre os anos de 1555 e 1556.

A primeira crença que estes indígenas têm do que ocorreu na terra, é a respeito de um personagem que chamam Monã[21], a quem atribuem as mesmas perfeições que damos a Deus, dizendo que criou o céu, a terra, os pássaros, os animais que povoam a terra. O mar foi criado por *Amaná Tupã*, que na língua deles quer dizer "nuvens de água de Tupã" [o Senhor da chuva].

Como os homens viviam usufruindo a vida, beneficiando-se do que produzia a terra, que era fecundada pelo orvalho do céu, ocorreu que se esqueceram de suas tradições e passaram a viver desordenadamente. Entraram em tão grande desregramento, que começaram a desobedecer a Monã, que naquela época vivia com eles em grande familiaridade.

Monã, vendo a ingratidão dos homens, sua maldade e o desprezo que lhe votavam, ao trair seus planos, afastou-se deles. Mandou então Tatá, o fogo do céu, que queimou e destruiu tudo que estava sobre a terra. Este fogo consumiu as coisas de tal maneira, que abaixou a terra de um lado e a levantou de outro, deixando-a como hoje conhecemos, com seus vales, colinas e montanhas, além dos vastos e belos campos.

De todos os homens que então viviam, salvou-se apenas um, que se chamava Irin-Magé, que Monã levou para outro lugar, a fim de colocá-lo a salvo deste fogo que consumia tudo. Irin-Magé vendo tudo destruído, dirigiu-se a Monã, com suspiros e lágrimas e disse-lhe:

21. Embora o original traga a palavra *Monã*, talvez o mais correto seria *Monhã*, derivado de *monhang* (=fazer, criar, gerar, NAVARRO, 2013, p. 307)

– Desejará também destruir o céu e o que ele contém? Onde será nossa morada? Que me adiantará viver, não havendo ninguém que se me assemelhe?

Monã, diante destas palavras, foi tomado de compaixão e para remediar o mal que fez à terra, fez chover de tal maneira sobre a terra, que aquele incêndio se pagou.

Não podendo a água retornar às nuvens, ela foi represada, seguindo alguns caminhos, que a levaram para regiões onde ficava presa de todos os lados. A esta grande quantidade de água represada foi dado o nome de *Paranã*, que significa amargura, e que é o nome dado ao mar[22].

Dizem que o mar é assim amargo e salgado, como se apresenta hoje, porque a terra, tendo sido transformada em cinza, devido ao incêndio enviado por Monã, ela deu este sabor ao grande Paraná, a este mar que envolve a terra.

Monã, vendo que a terra tinha voltado à sua primitiva beleza e que o mar a havia enfeitado, envolvendo-a por todos os lados, incomodando-se que este belo cenário permanecesse sem que ninguém que o cultivasse, chamou a Irin-Magé e lhe deu uma esposa para que repovoasse o mundo de pessoas melhores do que os primeiros habitantes da terra.

Descendendo deste Irin-Magé veio um grande Karaíba, que consideram um profeta. E devido às obras extraordinárias que realizava, deram-lhe o nome de Maíra-Monã, cujo nome assim explicam: *Maíra*, na língua selvagem quer dizer transformador, pois era capaz de transformar algumas coisas em outras, e *Monã* significa o velho, o ancião.

No lugar deste grande *karaíba*, considerado imortal, como o grande Monã, que fez descer o fogo sobre a terra e que ordenou todas as coisas segundo sua vontade, fazendo-as de várias maneiras, e transformando-as em diversas categorias e formas de animais. Segundo sua vontade, podia também transformar o homem em animal para castigar sua maldade.

Este nome Maíra foi usado até o dilúvio – que dizem que foi universal –, por aqueles que faziam grandes obras, de maneira que vendo que nós [os franceses] sabemos fazer mais coisas que eles, e que nossas obras parecem ser extraordinárias, dizem que somos seus sucessores e verdadeiros filhos de Maíra-Monã e que seus descendentes haviam voltado para nossa terra [a França], e lá ficaram separados, devido ao dilúvio. Por isso nos chamam de Maíra.

In: THEVET, Fr. André, *La cosmographie universelle*, 1575, 2o vol., tradução de Benedito Prezia. Ap. PREZIA, Benedito A., *Os Tupi de Piratininga, acolhida, resistência e colaboração*, 2008, tese de doutorado, p. 387-388.

22. Na realidade paraná deve originar-se da composição dos vocábulos *pará* (= muito, grande quantidade, GUASCH, 1961, P. 665) e *anãma* (= parente, VLB, v. 2, p. 65), designando o mar como "uma quantidade de água semelhante a um grande rio". Por isso, quando os Tupi chegaram ao litoral, procedentes do Paraguai, ao ver o mar, passaram a designá-lo de *paranã*, pois lembrava um grande rio (VLB, v. 2, p. 32).

A primeira terra e as grandes entidades

Mito guarani mbyá, narrado por Mário Higino, que vivia no Guairá, do lado paraguaio, e recolhido pelo pesquisador León Cadogan, na década de 1940.

Nosso verdadeiro Pai, *Nhamandu*, o Primeiro, concebendo a futura morada terrena, a partir de sua sabedoria, contida na sua própria divindade, e em virtude dessa sabedoria criadora, fez com que, a partir da extremidade de seu bastão, surgisse a terra.

Criou uma palmeira eterna, colocando-a no centro da Terra; criou depois outra palmeira, colocando-a ao Leste [no nascente], na morada de Karaí; criou mais outra, colocando-a na morada de *Tupã* [no poente]; e do lado, de onde vem os ventos bons [Norte e Nordeste], criou mais outra palmeira; e no espaço de onde surgiu o tempo [Sul], colocou mais outra palmeira eterna. Assim criou cinco palmeiras. E são essas palmeiras que seguram a morada terrestre.

(...) Nosso Pai, antes de se retirar para as profundezas do paraíso, assim falou:

– Somente tu, *Karaí Ru Etê*, das chamas inesgotáveis que enviei, ficarás vigilante, através dos [outros] *Karaí valorosos*. Por isso faz com que eles se chamem os *Senhores, donos das chamas*. Diga-lhes: "Vigiareis o ruído do crepitar das chamas".

(...) Depois disso, falou a *Jakairá Ru Etê*:

– Vigiarás a fonte da neblina que gera as palavras inspiradas. Aquilo que concebi na minha solidão, faz com que vigie teus filhos, os *Jakairá de coração grande*. Por isso serão chamados "donos da neblina das palavras inspiradas".

(...) Depois falou para *Tupã Ru Etê*:

– Terás o controle do grande mar e de todas suas ramificações. Farei com que te inspires nas leis, com as quais deleitarás a divindade. Por isso enviarás à morada terrena, por intermédios de seus filhos, os *Tupã de coração grande*, aquilo que aliviará os nossos bem-amados filhos e filhas.

(...) – Depois disso, chamareis pelo nome cada um deles, em suas respectivas moradas e concebereis leis que levem o emblema da masculinidade e da feminilidade.

Depois disso, mandou a inspiração do canto sagrado do homem e do canto sagrado da mulher, para que prosperem e se espalhem pela Terra.

In: CADOGAN, León, *La literatura de los Guaranies*. 3ª. ed. México: Ed. Joaquín Mortiz, 1984, p. 58-62. Tradução de Benedito Prezia.

Mitos didáticos

Essas histórias contêm sempre uma lição. São do mesmo gênero das antigas fábulas do grego Esopo e do escritor francês La Fontaine.

Tahina-Kan, a Estrela Vésper

Mito do povo Karajá, que vive à beira do Araguaia, contado por Kapitxana, e recolhido pelo capitão Pedro Dantas, na década de 1930. Na língua karajá, do tronco macro-jê, as estrelas são vocábulos masculinos. O nome do personagem significa "Estrela Grande". *Mantivemos a grafia original, embora a pronúncia correta seja Tainá.*

No tempo em que a nação Karajá não sabia fazer roça e vivia só de frutas do mato, de caça e de peixe, existia um casal que teve duas filhas: Imaherô, a mais velha, e Denakê, a mais nova.

Num anoitecer de céu estrelado, Imaherô viu o estrela Tahina-Kan brilhar tão bela e suave, que não se conteve e disse:

– Pai, é tão bonito aquilo!... Eu queria possui-lo para brincar com ele.

O pai riu-se do desejo da moça e disse-lhe que Tahina-Kan estava tão longe que ninguém poderia alcançá-lo. Contudo acrescentou:

– Só se ele, ouvindo-a, filha, quiser vir.

Ora, alta noite, quando todos os homens dormiam, a moça sentiu que alguém viera colocar-se a seu lado. Sobressaltada, perguntou:

– Quem é você e o que quer de mim?

– Eu sou Tahina-Kan. Ouvi que me queria perto de você e vim. Casa comigo?

Imaherô acordou os pais e acendeu o fogo. Ora, Tahina-Kan era um velho de cabelos e barbas brancas e de pelo enrugada.

Vendo-o à luz da fogueira, Imaherô disse-lhe:

– Não o quero para meu marido: você é feio e velho. Quero um moço forte e bonito!

Tahina-Kan ficou muito triste e pôs-se a chorar. Então Denakê, que tinha um coração meigo e bondoso, compadeceu-se do pobre velhinho e procurou consolá-lo. Dizendo:

– Pai, eu me caso com ele, e o quero como meu marido.

E o casamento realizou-se com grande alegria do velho.

Depois de casado, Tahina-Kan disse a Denakê:

– Preciso trabalhar para sustentá-la. Vou fazer um roçado para plantar coisas boas que os Karajá não possuem e nem conhecem.

E foi ao *Berô-Kan* [grande rio, o rio Araguaia]. Dirigiu-lhe a palavra, entrando nele. Ficou de pernas abertas, de maneira que as águas passavam entre elas. Curvado para a corrente, de vez em quando mergulhava as mãos e apanhava as sementes que plantaria.

Saindo do rio, disse à Denakê:

– Vou derrubar mato para fazer roçado. Não venha me ver no trabalho e fica em casa, cuidando da comida, para quando voltar cansado, poderá matar minha fome.

Tahina-Kan partiu, mas demorou tanto que Denakê, de medo que o cansaço o fizesse dormir, foi procurá-lo.

Ah! Que surpresa e que alegria! Quem estava ali a trabalhar, era um moço belíssimo, de alta estatura e cheio de vida. Tinha no corpo os enfeites e as pinturas que os rapazes Karajá ainda hoje usam. Denakê não se conteve e, louca de alegria, correu a abraçá-lo. Depois o levou para casa, para mostrar aos pais o seu esposo, tal como era de verdade.

Foi então que a outra irmã, Imaherô, despeitada, lhe disse:

– Você é meu, pois veio para mim e não para Denakê.

Mas respondeu-lhe Tahina-Kan:

– Só em Denakê encontrei bondade. Ela me aceitou como velho, quando você me desprezava. Agora não a quero. Só Denakê é minha.

Imaherô, de raiva e inveja, soltou um grito, caiu no chão e desapareceu. Em vez dela viu-se um urutau, pássaro que ainda hoje dá um grito triste e tão forte que parece ser de uma grande ave.

Foi assim que a nação Karajá aprendeu com Tahina-Kan a plantar milho, abacaxi e outras coisas boas que antes não conhecia.

In: MAGALHÃES, Amilcar A. Botelho, São Paulo, Comp. Ed. Nacional, 1942, p. 354-356, ap. COSTA E SILVA, Alberto, *Lendas do Índio Brasileiro*, Rio de Janeiro: Edìouro, s/d, p. 33-34.

Histórias de entretenimento

São histórias contadas para distrair os ouvintes, geralmente reunidos em torno de alguém mais velho, no final do dia ou no começo da noite.

A Arara, o Jabuti e a Cobra

Esta história foi contada por Dikboba, do povo Suruí-Paiter, de língua tupi-mondé, de Rondônia e recolhida pela antropóloga Betty Mindlin, em 1992.

Um dia, já bem perto de começar uma grande festa, Amoa, o Jabuti, foi comer o frutinho *abia*, juntamente com as mulheres. Elas, lindas, estavam todas à sua volta, pedindo para ele cortar a árvore para poderem comer à vontade. Desajeitado, Amoa não conseguiu fruta alguma.

Bem perto dali, Kahar, a Arara, colheu grande quantidade de *abia*, e as mulheres correram para ele, pois era muito bonito. Amoa ficou sozinho.

Na hora da festa, Amoa estava com uma raiva danada, morrendo de ciúme. A mulherada só queria saber de dançar com Kahar.

Amoa, cada vez mais enfurecido, tentou convencer Hobô, a Cobra, a matar Kahar, a Arara. Hobô não queria. Mas foram bebendo cada vez mais e, já meio bêbados, Hobô concordou. No meio da dança, pegaram as flechas e atiraram. Foi uma debandada das mulheres para todo lado.

Hobô, a Cobra, se escondeu num buraco, mas deixou as flechas no chão, do lado de fora. Essas flechas é que viraram cobras venenosas, como a cascavel. Quanto a Amoa, escondeu-se no casco. Foi assim que os três viraram bichos.

In: MINDLIN, Betty. *Vozes da Origem*. São Paulo: Ática/IAMÁ, 1996, p. 106.

Anexo 2: Entidades de apoio aos povos indígenas

Entidades de apoio não-governamentais

Associação Nacional de Ação Indigenista – Anaí
Com atuação na Bahia
Rua das Laranjeiras, 26, 1° - Pelourinho
40024-700 Salvador – BA
Tel. (71) 3321-0259
E-mail: anai@anai.org.br

Conselho Indigenista Missionário - Cimi
Com escritórios regionais nas cidades de Manaus (AM), Belém (PA), Cruzeiro do Sul (AC), Porto Velho (RO), Cuiabá (MT), São Luís (MA), Palmas (TO), Recife (PE), Belo Horizonte (MG) e Chapecó (SC).
Secretariado Nacional
SDS – Ed. Venâncio III, s. 309-314
70.393-902 Brasília – DF
Tel. (61) 2106-1650
E-mail: nacional@cimi.org.br
Site: www.cimi.org.br
Possui o jornal mensal Porantim, em defesa da causa indígena.

Centro de Trabalho Indigenista - CTI
Com atuação em São Paulo, Tocantins e Mato Grosso do Sul.
SCLN 210, Bl. C, s. 217
70.862-530 Brasília – DF
(61) 3349-7769
E-mail: contato@trabalhoindigenista.org.br
Site: www.trabalhoindigenista.org.br

Instituto Socioambiental – ISA
Com atuação no Parque do Xingu e no Alto Rio Negro.
Av. Higienópolis, 901
01238-001 São Paulo – SP
Tel. (11) 3515-8900
E-mail: isa@socioambiental.org
Site: www.socioambiental.org

Os autores

Benedito Antônio Genofre Prezia

Com formação em filosofia, atuou em movimentos populares na periferia de São Paulo no final dos anos 1970. Em 1983, transferiu-se para Brasília, trabalhando por oito anos no Conselho Indigenista Missionário (Cimi), no setor de formação e publicações. Retornando a São Paulo, iniciou o mestrado e passou a atuar junto aos indígenas que vivem em contexto urbano. É mestre em Linguística Geral, pela Universidade de São Paulo (USP) e doutor em Antropologia pela Pontifícia Universidade Católica de São Paulo (PUC-SP). Desde 2002 atua no Programa Pindorama, que acolhe jovens estudantes indígenas, sendo seu atual coordenador. É autor de vários livros paradidáticos e pesquisador da história indígena, tendo publicado, entre outros, o livro *História da Resistência Indígena*, 500 anos de luta. (Expressão Popular, 2017.)

Luciana Galante

Bióloga formada pela Universidade Mackenzie, em São Paulo, é mestre em Antropologia pela Pontifícia Universidade Católica de São Paulo (PUC-SP). Trabalha com povos indígenas desde o final dos anos 1990, tendo atuado em projetos na área ambiental junto aos povos Kulina e Kanamari, no Amazonas, pela Operação Amazônia Nativa (Opan). Em São Paulo, realizou pesquisas com o povo Guarani Mbyá, na área da etnobotânica, buscando valorizar o conhecimento tradicional, que resultou em sua dissertação de mestrado, *Investigação etnobotânica na comunidade Guarani Mbya de Tekoa Pyau* (2011).

Beatriz Catarina Maestri

Mulher simples, apaixonada e entregue à causa indígena desde jovem, nasceu em Botuverá (SC) e pertenceu à Congregação das Irmãs Catequistas Franciscanas. Com formação em História pela Universidade do Estado de Santa Catarina (Udesc), fez mestrado em Antropologia pela Universidade Federal de Santa Catarina (UFSC).

Em 1986, iniciou sua atuação junto aos povos Kaingang, Xokleng, Guarani Mbyá e Cafusos da região de José Boiteux (SC), realizando o trabalho em parceria com o Conselho Indigenista Missionário (Cimi). Posteriormente, tornou-se missionária do Cimi-Regional Sul.

Em 2005 foi para São Paulo, onde trabalhou com os indígenas que vivem em contexto urbano. Não poucas vezes, a trama complexa do sofrimento indígena batia em seu coração e, junto com inúmeras comunidades, lutou por seus direitos. Articulava-se ainda a movimentos sociais nas questões de moradia, educação, saúde e dimensão cultural.

Em 2013, participou da elaboração deste livro. No ano seguinte, deixou o trabalho inacabado, falecendo aos 49 anos de idade, após um acidente doméstico. A queda a levou à morte, mas não extinguiu uma vida tão plena de doação e alegria contagiante. Seu exemplo de vida e paixão pelos povos indígenas continua atraindo parceiros para rodas de solidariedade e luta pelo bem-viver.

Beatriz Catarina Maestri, à esquerda, em feira de artesanato em Osasco (SP), ao lado de Alaíde Pereira Feitosa, liderança, e de senhoras Pankararé. Foto: Arquivo Cimi Grande São Paulo, 2013